# Le bal des voleurs

comédie-ballet

## Jean Anouilh

Petit carnet
de mise en scène
de Camille Weil

Gallimard Jeunesse

# Sommaire

# Le bal
# des voleurs

# Personnages

PETERBONO  
GUSTAVE } *voleurs*  
HECTOR

LORD EDGARD

LADY HURF

JULIETTE } *ses nièces.*  
ÉVA

DUPONT-DUFORT PÈRE } *financiers*  
DUPONT-DUFORT FILS

LE CRIEUR PUBLIC

LES AGENTS DE POLICE

LA NOURRICE

LA PETITE FILLE

LE MUSICIEN

## PREMIER TABLEAU

*Le jardin d'une ville d'eaux de style très 1880, autour du kiosque à musique.*

*Dans le kiosque un seul musicien, un clarinettiste, figurera l'orchestre. Au lever du rideau il joue quelque chose d'extrêmement brillant.*

*La chaisière va et vient. Les estivants se promènent sur le rythme de la musique. Au premier plan, Éva et Hector unis dans un baiser très cinéma.*

*La musique s'arrête, le baiser aussi. Hector en sort un peu titubant. On applaudit la fin du morceau.*

HECTOR, *confus.*
Attention, on nous applaudit.

ÉVA *éclate de rire.*
Mais non, c'est l'orchestre! Décidément vous me plaisez beaucoup.

HECTOR, *qui touche malgré lui ses moustaches et sa perruque.*
Qu'est-ce qui vous plaît en moi?

**ÉVA**

Tout.

*Elle lui fait un petit bonjour.*

Ne restons pas là, c'est dangereux. À ce soir, huit heures, au bar du Phœnix. Et surtout si vous me rencontrez avec ma tante, vous ne me reconnaissez pas.

**HECTOR,** *langoureux.*

Votre main encore.

**ÉVA**

Attention, lord Edgard, le vieil ami de ma tante, est en train de lire son journal devant le kiosque à musique. Il va nous voir.

*Elle tend sa main, mais elle s'est détournée pour observer lord Edgard.*

**HECTOR,** *passionné.*

Je veux respirer votre main.

*Il se penche sur sa main, mais tire subrepticement de sa poche une loupe de bijoutier et en profite pour examiner les bagues de plus près. Éva a retiré sa main sans rien voir.*

**ÉVA**

À ce soir !

*Elle s'éloigne.*

**HECTOR,** *défaillant.*

Mon amour...

*Il redescend sur scène, rangeant son outil et murmurant très froid.*

Deux cent mille. Ce n'est pas du toc.

*À ce moment entre le crieur public avec son tambour. On s'est massé autour de lui. On écoute.*

LE CRIEUR PUBLIC

Ville de Vichy. La municipalité, soucieuse de la sécurité et du bien-être des malades et des baigneurs, les met en garde et les informe : que nombre de plaintes ont été déposées par les estivants tant à la mairie qu'au commissariat central, place du Marché. Une dangereuse bande de pilpockets...

*Il a prononcé difficilement ce mot, la clarinette le souligne, il se détourne furieux.*

Qu'une dangereuse bande de...

*Il bute encore sur le mot, c'est la clarinette qui le joue...*

est en ce moment dans nos murs. La police municipale est alertée... Tant en civil qu'en uniforme, les agents de la force publique veillent sur les estivants...

*En effet, suivant un gracieux trajet à travers la foule, des agents entrecroisent leurs sinuosités pendant qu'il parle.*

Cependant chacun est invité à observer la plus grande prudence, particulièrement sur la voie publique, dans les parcs et tous autres lieux fréquentés. Une prime en nature est offerte par le Syndicat d'initiative à qui donnera un indice permettant l'arrestation des voleurs... Et qu'on se le dise !...

*Roulement de tambour. Pendant qu'il lisait, Hector lui a subtilisé son énorme oignon de cuivre et son gros porte-monnaie. La foule se disperse, on entend le roulement de tambour et la harangue qui reprennent au loin. Hector a été s'asseoir au premier plan. La chaisière s'avance.*

LA CHAISIÈRE
Un ticket, Monsieur, pour votre fauteuil?

HECTOR, *magnanime.*
Puisque c'est l'usage.

LA CHAISIÈRE
C'est soixante-cinq centimes.
*Pendant qu'il cherche sa monnaie, la chaisière lui vole son por-*
*tefeuille, puis la grosse montre et le porte-monnaie du crieur*
*public qu'il venait lui-même de voler.*

HECTOR *a saisi la main dans sa poche.*
Hé! dites donc, là, vous!...
*La chaisière se débat et va se sauver; elle perd sa perruque.*

HECTOR *s'exclame.*
Mais tu es fou, mon vieux!
*Il soulève légèrement sa moustache et sa perruque.*
C'est moi.

LA CHAISIÈRE, *remettant sa perruque.*
*C'est Peterbono.*
Oh, pardon! c'est également moi. Bonne matinée?

HECTOR
Ce porte-monnaie, cette montre, un briquet.

PETERBONO, *qui les examine.*
C'est la montre du crieur, je la connais, elle est en
cuivre. Je l'avais remise dans la poche de ce pauvre
bougre ainsi que le porte-monnaie qui, tu peux le

vérifier, ne contient que vingt et un sous et un récépissé de mandat. Quant au briquet, nous en avons déjà neuf cent treize, dont deux seulement en état. Je t'ai connu meilleur ouvrier, Hector !

**HECTOR**
J'ai rendez-vous, ce soir, avec une fille dont je ne tarderai pas à être l'amant et qui a plus de deux cent mille francs de perles au doigt.

**PETERBONO**
Nous verrons cela. Dis-moi, tu as remarqué la petite là-bas ? Le collier ?

**HECTOR**, *qui la lorgne avec les jumelles qu'il porte en bandoulière.*
Mazette ! Les pierres sont énormes.

**PETERBONO**
Pas de fausse joie ! Tu as des verres grossissants. Mais allons-y tout de même. Le coup de la petite monnaie. Je fais l'insolente et tu interviens.
*Ils traversent la scène avec une nonchalance terriblement affectée et s'approchent de la jeune fille.*
Un ticket, Mademoiselle. C'est soixante-cinq centimes.

**LA JEUNE FILLE**
Voilà.

**PETERBONO** *se met à crier.*
Ah ! non, je n'ai pas de monnaie, vous entendez, pas du tout de monnaie ! Non, non, non, non… Je n'ai pas de monnaie !

**HECTOR** *intervient.*

Comment pas de monnaie ? Mademoiselle, je vous
en prie. Permettez-moi de remettre cette insolente
à sa place...
*Bousculade avec la chaisière à la faveur de laquelle Hector essaie
de voir comment fonctionne le fermoir du collier de la jeune fille.*

**LA JEUNE FILLE** *se dégage brusquement.*

Ah non !

**HECTOR** *recule, stupéfait.*

Comment non ?

**PETERBONO**

Pourquoi non ?
*La jeune fille soulève sa perruque, c'est Gustave.*

**GUSTAVE**

C'est moi.

**HECTOR** *en tombe assis.*

C'est gai.

**PETERBONO** *explose.*

Voilà ce que c'est que de travailler sans ordre ! Ah ! je
ne suis pas secondé, je ne suis pas secondé... Vous
êtes des galopins ! Voilà tout ! Des galopins ! Et si
votre pauvre mère ne vous avait pas confiés à moi
pour que je vous apprenne le métier, je vous flan-
querais à la porte, vous entendez ? à la porte... sans
vous payer votre mois de préavis. Et avec tous les

tours que vous m'avez joués, je vous attends devant les prud'hommes!…

*À Gustave, sévère.*

Tu n'as rien fait, toi, ce matin, naturellement?

GUSTAVE

Si, deux choses. D'abord ce magnifique portefeuille.

PETERBONO

Voyons cela.

*Il l'examine, puis soudain se fouille inquiet.*

À qui l'as-tu fait, ce portefeuille, et où?

GUSTAVE

Je l'ai fait boulevard Ravachol à un vieux monsieur avec une grande barbe blanche…

PETERBONO *achève, terrible.*

Un pantalon à carreaux, un cronstadt et un rase-pet vert olive, n'est-ce pas, imbécile?

GUSTAVE, *tremblant.*

Oui, Monsieur Peterbono… Vous m'avez vu?

PETERBONO *tombe affalé sous ce dernier coup.*

C'était moi, imbécile, c'était moi!… Je vous dis que nous ne couvrirons même pas nos frais!

GUSTAVE

Mais j'ai autre chose, Monsieur Peterbono…

PETERBONO, *complètement découragé.*

Oh! si c'est encore à moi que tu l'as volé, tu penses comme cela m'intéresse.

GUSTAVE

Ce n'est pas un objet… c'est une petite, et qui a l'air riche.

HECTOR *a bondi.*

Nom de Dieu! Ce n'est pas la même que moi au moins? Rousse? Vingt-cinq ans? Elle s'appelle Éva?

GUSTAVE

Non, brune, vingt ans. Elle s'appelle Juliette.

HECTOR

Ah! bon.

PETERBONO

Qu'est-ce que tu lui as pris?

GUSTAVE

Rien encore. Seulement je l'ai aidée à repêcher un gosse qui était tombé dans le bassin des Thermes. Nous avons bavardé en nous séchant au soleil. Elle m'a dit que je lui plaisais.

PETERBONO

Des bijoux?

GUSTAVE

Une très belle perle.

**PETERBONO**

Bon. Il faudra voir cela, Hector, entre deux rendez-vous, tu as du temps de libre cet après-midi ?

**GUSTAVE**

Ah ! non ! Je voudrais bien la faire moi-même celle-là.

**PETERBONO**

Comment ? Comment ? La faire toi-même ? Ah ! ça, c'est du nouveau alors !

**GUSTAVE**

Mais puisque c'est moi qui lui ai plu.

**PETERBONO**

Raison de plus, Hector n'en fera qu'une bouchée.

**GUSTAVE**

Ah ! non, pas celle-là !

**PETERBONO**, *sévère.*

Gustave, ta mère t'a confié à moi. Je t'ai admis dans notre association comme aide-rabatteur. Tu as vingt ans. Tu es ambitieux, c'est bien. Moi aussi, j'étais ambitieux à ton âge. Mais attention ! Dans notre carrière, comme dans toutes les carrières, il y a une hiérarchie à suivre. Hector est un des meilleurs séducteurs professionnels que je connaisse sur la place de Paris. C'est un homme qui ne rate pas une femme sur trois… et permets-moi de te dire que c'est joli, comme moyenne. Tu n'as tout de même

pas l'intention, toi, un apprenti, de faire du meilleur
ouvrage, non?

**GUSTAVE**
Je m'en fous. Je la ferai pour moi, la môme.

**PETERBONO**, *pincé.*
Pendant tes heures de liberté, tu es entièrement libre
de bricoler. Tu me devras simplement soixante-cinq
pour cent sur tes gains.

**HECTOR**, *qui regardait la nourrice pendant ce dialogue.*
Peter!…

**PETERBONO**
Hector?

**HECTOR**
La nourrice là-bas. La chaîne d'or.

**PETERBONO**, *méprisant.*
Peuff! ce n'est peut-être que de l'Oria

**HECTOR**
Écoute, il est sept heures moins dix. Nous avons dix
minutes avant le dîner.

**PETERBONO**
Soit, si tu y tiens. Nous allons lui faire le coup des
trois militaires.

**HECTOR**
Le coup des trois militaires?

**PETERBONO**
C'est le coup classique pour les nourrices. Le premier lui fait la cour, le second fait la risette à l'enfant, et le troisième fredonne sans arrêt des sonneries de caserne pour l'étourdir...
*Ils sont sortis. Passent lady Hurf et Juliette.*

**JULIETTE**
C'était un petit garçon de cinq ans à peine. Il n'avait de l'eau que jusqu'à la taille, mais il avait peur, il retombait toujours. Il se serait sûrement noyé.

**LADY HURF**
C'était affreux. As-tu remarqué ces petits chapeaux cloche? Je trouve cela ridicule.

**JULIETTE**
Heureusement, il y a eu ce jeune homme. Il a été très chic, très gentil.

**LADY HURF**
À cinq ans, tous les enfants sont gentils, mais à douze c'est l'âge bête. Voilà pourquoi je n'ai jamais voulu en avoir.

**JULIETTE**
Je parlais du jeune homme, ma tante.

**LADY HURF**
Au fait, c'est vrai. Encore un petit chapeau cloche.
C'est grotesque. Tu disais que ce jeune homme était
gentil. Alors ?

**JULIETTE**
C'est tout.

**LADY HURF**
Il faudra l'inviter à dîner.

**JULIETTE**
Il est parti. Je ne l'avais jamais vu.

**LADY HURF**
Tant mieux. On connaît toujours trop de gens.
D'ailleurs, j'ai horreur des histoires de noyés. Votre
pauvre oncle nageait comme une clé. Il s'est noyé
sept fois. Je l'aurais giflé. Tiens, voilà Edgard…
Edgard, avez-vous vu Éva ?

**LORD EDGARD** *apparaît derrière le journal qu'il était en train de lire.*
Comment allez-vous, chère amie ?

**LADY HURF**
Je vous demande si vous avez vu Éva.

**LORD EDGARD**
Éva ? Non.
*Il se fouille.*
C'est inconcevable. Où ai-je pu la mettre ? Elle est
peut-être au bain.

**LADY HURF**
Vous êtes fou, il est sept heures.

**JULIETTE**
Allons voir au bar du Phœnix, ma tante, elle y va souvent.

**LADY HURF**
Edgard, ne bougez d'ici sous aucun prétexte !

**LORD EDGARD,** *se rasseyant.*
Bien, ma chère amie.

**LADY HURF,** *s'en allant.*
Mais si vous la voyez passer, courez après elle.

**LORD EDGARD**
Bien, ma chère amie.

**LADY HURF**
Ou plutôt – vous la perdriez – ne courez pas après elle, venez tout simplement nous dire dans quelle direction vous l'avez vue partir.

**LORD EDGARD**
Bien, ma chère amie.

**LADY HURF**
D'ailleurs, non. Vous ne nous retrouveriez jamais. Envoyez un chasseur après elle, un chasseur nous avertir et mettez-en un troisième à votre place pour

nous dire où vous êtes au cas où nous repasserions par là.

*Elle est sortie avec Juliette.*

**LORD EDGARD** *retombe assourdi derrière son « Times ».*
Bien, ma chère amie…

*Entrent les Dupont-Dufort père et fils accompagnés par la clarinette de la petite ritournelle qui leur est particulière.*

**DUPONT-DUFORT PÈRE**
Suivons-les. Nous les rencontrerons par hasard au bout de la promenade et nous tâcherons de les emmener prendre un cocktail. Didier, toi qui es un garçon précis et travailleur, et, qui plus est, d'initiative, je ne te reconnais plus. Tu délaisses la petite Juliette.

**DUPONT-DUFORT FILS**
Elle me rabroue.

**DUPONT-DUFORT PÈRE**
Cela n'a aucune espèce d'importance. D'abord tu n'es pas n'importe qui, tu es le fils Dupont-Dufort. La tante a beaucoup d'estime pour toi. Elle est prête à faire n'importe quel placement sur ton conseil.

**DUPONT-DUFORT FILS**
Nous devrions nous contenter de cela.

**DUPONT-DUFORT PÈRE**
Dans la finance, il ne faut jamais se contenter de

quelque chose… Je préférerais mille fois le mariage.
Il n'y a que cela qui remettrait vraiment notre
banque à flot. Ainsi du charme, de la séduction.

DUPONT-DUFORT FILS
Oui, papa.

DUPONT-DUFORT PÈRE
Nous sommes ici dans des conditions inespérées.
Elles s'ennuient et il n'y a personne de présentable.
Soyons aimables, extrêmement aimables.

DUPONT-DUFORT FILS
Oui, papa.
*Ils sont passés.*
*Lord Edgard, qui a tout entendu, lève la tête au-dessus de son
«Times» et les regarde partir. Peterbono, Hector et Gustave
entrent en militaires comme le musicien attaque son second
morceau. Au même moment, de l'autre côté de la scène, entrée
des agents. Ballet d'ensemble autour de la nourrice à laquelle ils
font tous risette, les évolutions des agents compromettant celles
des voleurs. Finalement, la nourrice s'en va. Les agents faisant
des moulinets derrière leur dos avec leur bâton blanc lui emboî-
tent galamment le pas. Lady Hurf, pendant le ballet, est reve-
nue seule et s'est assise à côté de lord Edgard ; le morceau se
termine à la sortie de la nourrice et des agents.*

PETERBONO, *dépité.*
Mes enfants, c'est la première fois que je vois rater le
coup des trois militaires.

**LADY HURF**, *à lord Edgard.*
  Eh bien, mon cher Edgard, qu'avez-vous fait de
  cette journée?

**LORD EDGARD**, *surpris et gêné comme toujours, lorsque lady
Hurf lui adresse la parole sur le mode brusque qui lui est coutu-
mier.*
  Je… J'ai… J'ai lu le «Times».

**LADY HURF**, *sévère.*
  Comme hier?

**LORD EDGARD**, *ingénu.*
  Pas le même numéro qu'hier.

**HECTOR**, *qui observait, siffle d'admiration.*
  As-tu vu les perles?

**PETERBONO**
  Quatre millions.

**HECTOR**
  On y va? Prince russe?

**PETERBONO**
  Non. Elle a l'air à la page. Espagnols ruinés.

**GUSTAVE**
  C'est malin! Vous savez bien que chaque fois que
  vous vous mettez en Espagnols vous êtes faits
  comme des rats.

**PETERBONO**

Tais-toi, gamin! Tu parles d'un métier que tu ne connais pas.

**GUSTAVE**

En tout cas, moi, je ne marche pas pour me mettre en secrétaire ecclésiastique comme la dernière fois. La soutane, c'est intenable en été!

**PETERBONO**

Gustave, cesse de m'exaspérer! Rentrons à la villa. Hector et moi serons en Grands d'Espagne, et tu seras en secrétaire ecclésiastique, que la soutane te plaise ou non.

*Ils sortent, l'entraînant sur une petite ritournelle.*

**LADY HURF**, *qui réfléchissait, soucieuse.*

Edgard, la situation est grave…

**LORD EDGARD**

Oui, j'ai lu dans le «Times». L'Empire..

**LADY HURF**

Non, ici.

**LORD EDGARD**, *inquiet, regarde autour de lui.*

Ici?

**LADY HURF**

Comprenez-moi. Nous avons ici charge d'âme. Or, il se trame des intrigues; des mariages se préparent. Personnellement, je ne peux pas les suivre. Cela me donne la migraine. Qui devra les pénétrer, les diriger ?

LORD EDGARD

Qui ?

LADY HURF

Juliette est une folle. Éva est une folle. Moi, je n'y comprends rien et cela m'ennuie au-dessus de tout. D'ailleurs, je n'ai pas plus de bon sens que ces enfants. Il reste vous, au milieu de ces trois folles.

LORD EDGARD

Il reste moi.

LADY HURF

Autant dire rien ! Ah ! je suis perplexe, extrêmement perplexe. Que va-t-il se passer dans cette ville d'eaux où les intrigues vous naissent sous les pieds comme des fleurs tropicales ? Je me demande si nous ne ferions pas mieux de quitter Vichy, et d'aller nous enterrer dans un trou de campagne. Mais, enfin, dites quelque chose, Edgard ! Vous êtes le tuteur de ces deux petites, après tout !

LORD EDGARD

Nous pourrions peut-être demander conseil à Dupont-Dufort. C'est un homme qui a l'air d'avoir du caractère.

**LADY HURF**

Oui. Beaucoup trop. Vous êtes un benêt. C'est à lui précisément qu'il convient de ne pas demander conseil. Les Dupont-Dufort veulent nous soutirer de l'argent.

**LORD EDGARD**

Mais ils sont riches ?

**LADY HURF**

C'est précisément ce qui m'inquiète : ils veulent nous soutirer beaucoup d'argent. Une commandite ou un mariage. Nos deux petites avec tous leurs millions sont une proie tellement tentante.

**LORD EDGARD**

Nous pourrions peut-être télégraphier en Angleterre ?

**LADY HURF**

Pour quoi faire ?

**LORD EDGARD**

L'agence Scottyard nous enverrait un détective.

**LADY HURF**

Ma foi, nous serions bien avancés ! Il n'y a pas plus filou que ces gens-là.

**LORD EDGARD**

Alors la situation est, en effet, irrémédiable.

LADY HURF

Edgard, vous devez avoir de l'énergie. Notre sort, à toutes, est entre vos mains.

LORD EDGARD *regarde ses mains, très ennuyé.*

Je ne sais pas si je suis bien qualifié.

LADY HURF, *sévère.*

Edgard, vous êtes un homme et un gentleman?

LORD EDGARD

Oui.

LADY HURF

Prenez une décision!

LORD EDGARD, *ferme.*

Bon! Je vais tout de même faire venir un détective de chez Scottyard en spécifiant que je le veux honnête.

LADY HURF

Jamais, entendez-vous! S'il est honnête, il sentira mauvais et il courtisera mes femmes de chambre. Ce sera intenable. D'ailleurs, je ne sais pourquoi je vous dis tout cela. Je ne veux pas être en sécurité parfaite. Je m'ennuie comme une vieille tapisserie.

LORD EDGARD

Oh! chère amie…

**LADY HURF**
Je ne suis pas autre chose.

**LORD EDGARD**
Vous avez été si belle.

**LADY HURF**
Oui. Vers 1900. Ah ! j'enrage ! Mais je veux profiter de mes dernières années et rire un peu. J'ai cru pendant soixante ans qu'il fallait prendre la vie au sérieux. C'est beaucoup trop. Je suis d'humeur à faire une grande folie.

**LORD EDGARD**
Rien de dangereux, au moins ?

**LADY HURF**
Je ne sais pas. Je verrai ce qui me passera par la tête.
*Elle se penche vers lui.*
J'ai envie d'assassiner les Dupont-Dufort.
*Ils entrent, précédés de leur petite ritournelle, avec Éva et Juliette.*

**DUPONT-DUFORT PÈRE**
Comment vous portez-vous, Milady ?

**DUPONT-DUFORT FILS**
Milady.

**DUPONT-DUFORT PÈRE**
Mon cher Lord…

LORD EDGARD *l'a attiré à part.*
Méfiez-vous.

DUPONT-DUFORT PÈRE
Pourquoi, mon cher Lord?

LORD EDGARD
Chut! Je ne peux rien vous dire, mais méfiez-vous.
Quittez Vichy.

DUPONT-DUFORT FILS
Nous avons rencontré ces dames sur la promenade.

ÉVA
Vichy est un pays impossible, on ne sait que faire
pour s'amuser. Tous les hommes sont laids.

DUPONT-DUFORT FILS
C'est bien vrai. Tous très laids.

DUPONT-DUFORT PÈRE
Tous.
*Bas à son fils.*
Excellent pour nous.

ÉVA
J'ai un rendez-vous à huit heures, ma tante. Je dîne-
rai tard – ou je ne rentrerai pas.

DUPONT-DUFORT PÈRE, *bas à son fils.*
C'est avec toi?

**DUPONT-DUFORT FILS**
Non.

**JULIETTE**
Éva, je ne t'ai pas raconté que j'avais sauvé un enfant qui était tombé dans le bassin des Thermes ? J'ai fait la connaissance d'un jeune homme charmant qui avait voulu le sauver avec moi.

**LADY HURF**
Juliette ne parle plus que de cela.
*Les Dupont-Dufort se regardent, inquiets.*

**DUPONT-DUFORT PÈRE**
Ce n'était pas toi ?

**DUPONT-DUFORT FILS**
Non.

**JULIETTE**
Nous nous sommes séchés au soleil en bavardant. Si tu savais comme il est amusant ! C'est un petit brun. Ce n'est pas le même que toi, au moins ?

**ÉVA**
Non. Moi, c'est un grand roux.

**JULIETTE**
Ah ! tant mieux…

**DUPONT-DUFORT PÈRE**, *bas.*
Fiston, il faut absolument que tu brilles.

*Haut.*
Didier, as-tu été à la piscine avec ces dames pour leur montrer ton crawl impeccable? C'est toi qui aurais sauvé aisément ce bambin!

**JULIETTE**
Oh! le crawl était bien inutile. Le bassin des Thermes a quarante centimètres de profondeur.
*Pendant la fin de cette scène, Peterbono en très noble – trop noble – vieillard espagnol, Hector en Grand d'Espagne, également très réussi, et Gustave en secrétaire ecclésiastique sont entrés et s'approchent lentement.*

**PETERBONO**
Attention. C'est la grosse partie. Jouons serré.

**HECTOR**
Ton monocle.

**PETERBONO**
Le coup de la méprise! Je donnerai le signal. Gustave, plus en arrière.
*La musique commence une marche d'un caractère à la fois héroïque et très espagnol. Soudain, lady Hurf, qui regardait arriver cet étrange trio, se lève, va à eux, et se précipite au cou de Peterbono.*

**LADY HURF**
Mais c'est ce cher duc de Miraflor!
*La musique s'arrête.*

**PETERBONO**, *gêné et surpris.*
Heuh…

**LADY HURF**
Voyons, souvenez-vous! Biarritz 1902. Les déjeuners à Pampelune. Les courses de taureaux. Lady Hurf.

**PETERBONO**
Ah! Lady Hurf!… Les courses de taureaux les déjeuners. Chère amie…
*Aux autres.*
J'ai dû me faire la tête de quelqu'un qu'elle connaît.

**LADY HURF**
Comme je suis heureuse! Je m'ennuyais à périr. Mais la duchesse?

**PETERBONO**
Morte.
*Trémolo à l'orchestre.*

**LADY HURF**
Dieu! Et le comte, votre cousin?

**PETERBONO**
Mort.
*Trémolo.*

**LADY HURF**
Dieu! Et votre ami l'amiral?

**PETERBONO**

Mort également.

*À l'orchestre, début d'une marche funèbre. Peterbono se tourne vers les autres.*

Sauvés!

**LADY HURF**

Pauvre cher! Que de deuils…

**PETERBONO**

Hélas! Mais il faut que je vous présente mon fils Don Hector, mon secrétaire ecclésiastique Dom Petrus.

**LADY HURF**

Lord Edgard que vous avez connu. C'est lui que vous battiez chaque matin au golf et qui perdait toujours ses balles.

**PETERBONO**

Ha! le golf… Cher ami…

**LORD EDGARD**, *affolé, à lady Hurf.*

Mais ma chère…

**LADY HURF**, *sévère.*

Comment? Vous ne reconnaissez pas le duc?

**LORD EDGARD**

C'est insensé! Voyons, souvenez-vous…

**LADY HURF**

Vous n'avez aucune mémoire. N'ajoutez pas un mot, vous me fâcheriez. Mes nièces Éva et Juliette me donnent beaucoup de soucis parce qu'elles sont bonnes à marier et qu'elles ont des dots exceptionnellement tentantes pour les aigrefins.

*Les Dupont-Dufort se regardent.*

**DUPONT-DUFORT PÈRE**

Restons dignes.

**DUPONT-DUFORT FILS**

Cela ne peut pas être nous.

*Peterbono et Hector s'envoient de terribles bourrades.*

**LADY HURF**

Je suis bien heureuse de vous avoir rencontrés. Vichy est un trou. Vous vous souvenez de la redoute jaune ?

**PETERBONO**

Ah ! je pense bien !

**DUPONT-DUFORT FILS**, *à son père.*

On nous oublie.

**DUPONT-DUFORT PÈRE**

Présentons-nous. Messieurs Dupont–Dufort.

**DUPONT-DUFORT FILS**

Père et fils.

*Pendant ces saluts, Éva regarde fixement Hector, qui feint de s'intéresser énormément à la conversation ; quant à Gustave, il a presque entièrement disparu dans sa serviette et cherche désespérément des papiers pour éviter le regard de Juliette, qui le fixe aussi, intriguée.*

LADY HURF
Je suis sûre que vous vous ennuyez aussi ? Vous ne trouvez pas que c'est une chance inespérée de s'être rencontrés ?

PETERBONO, *coup de coude à Hector.*
Inespérée…

HECTOR, *coup de coude à Peterbono.*
Oui. Inespérée… tout à fait inespéré.
*Dans leur joie ils en font trop, mais personne ne semble le remarquer.*

LADY HURF
Monsieur votre fils est charmant. N'est-ce pas, Éva ?

ÉVA
Oui.

PETERBONO
C'était le plus séduisant officier d'Espagne, avant la révolution.

LADY HURF
Hélas ! Vous avez beaucoup perdu ?

PETERBONO
Beaucoup.

**LADY HURF**
Mais où êtes-vous descendus ? Vous êtes à l'hôtel ?

**PETERBONO,** *évasif.*
Oui…

**LADY HURF**
C'est inadmissible… Edgard ? Le duc est à l'hôtel !

**LORD EDGARD**
Mais je vous assure, chère amie…

**LADY HURF**
Taisez-vous ! Mon cher duc, il est impossible que
vous demeuriez à l'hôtel. Faites-nous la grâce d'accepter notre hospitalité. Nous avons une villa
immense dont une aile entière sera pour vous.

**PETERBONO**
Volontiers, volontiers, volontiers, volontiers…
*Énormes bourrades avec Hector. Les Dupont-Dufort échangent
des regards navrés.*

**LADY HURF**
Vous pouvez, bien entendu, venir avec votre suite.
*Elle regarde Gustave.*
Que cherche-t-il ?

**PETERBONO**
Quelque document… Dom Petrus ?

GUSTAVE *émerge enfin de sa serviette.*
   Monseigneur?
   *Il s'est mis des lunettes noires.*

LADY HURF
   Il a mal aux yeux?

PETERBONO
   Oui, très mal. Son état nécessite des soins et je ne
   peux pas vous infliger sa présence. Dom Petrus, nous
   allons accepter la généreuse hospitalité que nous
   offre lady Hurf. Passez à l'hôtel faire prendre nos
   bagages. Vous y demeurerez jusqu'à nouvel ordre.
   Vous y recevrez le courrier et vous viendrez prendre
   nos décisions chaque matin.

GUSTAVE, *furieux.*
   Mais Monseigneur…

PETERBONO
   Allez!

GUSTAVE
   Pourtant, Monseigneur…

PETERBONO
   Allez, vous dis-je!
   *Hector pousse Gustave, qui s'éloigne à regret.*

LADY HURF, *attendrie.*
   Toujours le même. Quel ton de voix! Le ton des
   Miraflor. Votre cousin avait le pareil…

**PETERBONO**
Hélas!

**LADY HURF**
Comment est-il mort?

**PETERBONO**
Comment est-il mort?

**LADY HURF**
Oui! Je l'aimais tant.

**PETERBONO**
Vous voulez que je vous raconte les circonstances
qui ont marqué son trépas?

**LADY HURF**
Oui.
*Il est affolé, il regarde Hector.*

**PETERBONO**
Eh bien, il est mort…
*Hector lui mime un accident d'auto, mais il ne comprend pas
cela.*
Il est mort fou.

**LADY HURF**
Ah! le pauvre! Il avait toujours été original. Mais la
duchesse?

**PETERBONO**
La duchesse?

*Il regarde Hector, affolé.*
Elle est morte.

**LADY HURF**
Oui. Mais comment?
*Hector se touche le cœur à plusieurs reprises. Peterbono hésite à comprendre, mais comme il n'a lui-même aucune imagination, il se résigne.*

**PETERBONO**
D'amour.

**LADY HURF,** *confuse.*
Oh! pardon. Et votre ami l'amiral?

**PETERBONO**
L'amiral? Ah! lui…
*Il regarde Hector qui lui fait signe qu'il n'a plus d'idées. Il se méprend encore sur sa mimique.*
Noyé. Mais excusez-moi, vous touchez de trop cuisantes plaies…

**LADY HURF**
Pardon… Pardon, cher ami.
*Aux autres.*
Quelle race!… Quelle noblesse dans le malheur! N'est-ce pas, cher Edgard?

**LORD EDGARD**
Chère amie, je m'obstine…

**LADY HURF**
Ne vous obstinez pas, vous voyez que le duc souffre.

**DUPONT-DUFORT PÈRE**, *à son fils.*
Mêlons-nous à la conversation!

**DUPONT-DUFORT FILS**
Quelle affreuse suite de malheurs!

**DUPONT-DUFORT PÈRE**
Sur d'aussi vénérables têtes!
*On ne les écoute pas.*

**LADY HURF** *éclate de rire.*
Ah! Biarritz était beau à cette époque. Vous vous
souvenez des bals?

**PETERBONO**
Ah! les bals...

**LADY HURF**
Et de Lina Véri?

**PETERBONO**
Lina Véri? Je ne suis plus bien sûr...

**LADY HURF**
Allons... Vous étiez intimes!
*Aux autres.*
Il est très vieilli.

**PETERBONO**

Ah! Lina Véri… Parfaitement. La haute société italienne.

**LADY HURF**

Mais non. C'était une danseuse.

**PETERBONO**

Oui, mais sa mère faisait partie de la haute société italienne.

**LADY HURF,** *aux autres.*

Il ne sait plus ce qu'il dit. Il est très fatigué. Mon cher duc, j'aimerais vous montrer tout de suite vos appartements. La villa est toute proche, au bout de l'allée.

**PETERBONO**

Volontiers.
*Tous se lèvent.*

**GUSTAVE** *entre en courant, cette fois en charmant jeune homme, et magnifiquement vêtu.*

Bonjour, père!

**PETERBONO,** *surpris.*

Salaud.
*Il présente.*

Mon second fils, Don Pedro, dont j'avais oublié de vous parler.

**LADY HURF**

Comment, vous avez un second fils? Mais de qui?

**PETERBONO**, *affolé.*

Ah! C'est toute une histoire.

*Il regarde Hector qui lui fait signe d'être prudent.*

Mais celle-là aussi touche de trop cuisantes plaies.

**LADY HURF**

Venez, Edgard…

**LORD EDGARD**

Mais, chère amie…

**LADY HURF**

Et taisez-vous!

*Ils sont tous sortis, Hector faisant des grâces à Éva qui le regarde toujours.*

**JULIETTE** *s'approche de Gustave.*

Enfin, qu'est-ce que cela veut dire?

**GUSTAVE**

Chut, je vous expliquerai…

*Ils sortent aussi. Seuls les Dupont-Dufort sont restés en arrière.*

**DUPONT-DUFORT FILS**, *à son père.*

On nous oublie.

**DUPONT-DUFORT PÈRE**

Suivons tout de même et redoublons d'amabilité. Il faut espérer que ces jeunes gens sont déjà amoureux ou bien qu'ils n'aiment pas les femmes…

*Ils sortent.*

RIDEAU

## DEUXIÈME TABLEAU

*Un salon de style suranné dans la villa de Lady Hurf. C'est le soir après dîner. Juliette et Gustave sont assis l'un près de l'autre, une petite musique romanesque dans le lointain.*

JULIETTE

Nous sommes bien ici. Personne ne vient nous déranger ce soir.

GUSTAVE

Oui, nous sommes bien.

JULIETTE

Depuis trois jours vous êtes triste. La nostalgie de l'Espagne peut-être?

GUSTAVE

Oh! non.

JULIETTE

Je regrette maintenant d'avoir refusé de travailler

mon espagnol au collège. Nous aurions pu parler.
Cela aurait été amusant.

**GUSTAVE**
Je le parle moi-même très peu.

**JULIETTE**
Tiens ! c'est drôle…

**GUSTAVE**
Oui, c'est drôle.
*Un silence.*

**JULIETTE**
Cela doit être amusant d'être prince.

**GUSTAVE**
On s'habitue à tout.
*Un silence.*

**JULIETTE**
Qu'avez-vous, Monsieur Pedro ? Nous étions beaucoup plus amis il y a trois jours.

**GUSTAVE**
Je n'ai rien.
*Un silence, lord Edgard passe, ses bras chargés de papiers.*

**LORD EDGARD**
Dussé-je périr à la tâche, j'en aurai le cœur net.
*Il a laissé tomber tous ses papiers. Ils se précipitent pour l'aider,
il leur barre la route.*

N'y touchez pas, n'y touchez pas!
*Il les ramasse lui-même et sort en murmurant.*
Cette importante découverte, si elle se fait, doit être entourée des plus extrêmes précautions.

GUSTAVE

Qu'a-t-il depuis que nous sommes ici à fouiller dans ces vieux papiers?

JULIETTE

Je ne sais pas. Il est un peu fou. Mais comme il est en même temps méticuleux, cela donne des résultats extraordinaires. Il doit chercher une vieille note de blanchisseuse.
*Entre une petite fille.*
Ah! voilà ma petite amie!

LA PETITE

Mademoiselle Juliette, je vous ai cherché des marguerites.

JULIETTE

Merci, tu es bien gentille.

LA PETITE

Seulement, elles n'ont pas beaucoup de pétales. Papa m'a dit que ce n'est pas de celles-là que se servent les amoureux.

JULIETTE

Cela ne fait rien.

LA PETITE
Il faudra que je vous en cherche d'autres?

JULIETTE
Non. Oui, tu es bien gentille.
*Elle l'embrasse.*
Sauve-toi.
*La petite sort. Juliette revient, penaude.*

JULIETTE
Vous me trouvez idiote?

GUSTAVE
Non.

JULIETTE
Vous m'aviez dit que vous m'aimiez, Monsieur Pedro, et depuis trois jours, vous ne me regardez même plus.

GUSTAVE
Je vous aime, Juliette.

JULIETTE
Alors?

GUSTAVE
Je ne peux pas vous dire.

JULIETTE
Mon père n'avait pas de titre, c'est vrai, mais ma tante est Lady et mon grand-père était Honorable.

**GUSTAVE**

Vous êtes drôle. Il ne s'agit pas de cela.

**JULIETTE**

Le duc de Miraflor accepterait que je sois votre femme, croyez-vous ?

**GUSTAVE** *sourit.*

Oh ! sûrement !

**JULIETTE**

Mais qu'est-ce qui vous donne cet air triste alors, si vous m'aimez et que tout le monde le veut bien ?

**GUSTAVE**

Je ne peux pas vous le dire.

**JULIETTE**

Vous avez tout de même le sentiment que nos vies un jour pourront se rencontrer ?

**GUSTAVE**

Je vous mentirais si je vous disais que je le crois.

**JULIETTE** *se détourne.*

Vous me faites de la peine.

**GUSTAVE**

Attention, voici votre cousine...

JULIETTE

Venez dans le jardin. Il commence à faire nuit, je veux que vous me disiez tout.

*Ils sortent, la musique s'éloigne avec eux. Éva entre, suivie d'Hector. Il n'a pas la même tête qu'à la fin du premier tableau.*

HECTOR

Voyez, ils nous font place libre. On nous laisse seuls.

ÉVA

Ce qui est malheureux, c'est que je n'ai aucunement besoin d'une place libre. Je m'accommoderais très bien d'une foule autour de nous !

HECTOR

Vous êtes cruelle.

ÉVA

Vous me déplaisez. C'est ma façon de vivre ; je suis cruelle avec ce qui me déplaît. Mais en revanche, quand quelqu'un me plaît, je suis capable de tout.

HECTOR, *désespéré.*

Ah ! pourquoi ne puis-je pas réussir à vous plaire une seconde fois ?

ÉVA

Vous le savez bien, vous n'êtes plus le même.

HECTOR

Quelle horrible absence de mémoire ! Je vous l'ai dit, ce déguisement, c'était une fantaisie d'aristocrate harassé de sa personnalité, qui s'amuse ainsi pour s'échapper à lui-même. Je ne peux pas pour cette fantaisie maudite perdre mon amour, Éva!

**ÉVA**

Je conserve avec plaisir le souvenir d'un jeune homme qui m'a parlé dans le parc. Retrouvez-le. J'en serai peut-être encore amoureuse.

**HECTOR**

Ah! c'est une aventure ridicule! Si vous consentiez au moins à me mettre sur la voie. Dites-moi seulement si j'avais une barbe quand je vous ai plu.

**ÉVA**

Je vous ai déjà répondu que cela ne m'amuserait plus si je vous le disais.

**HECTOR**, *qui s'est retourné pour se changer de tête et qui apparaît complètement différent.*

Ce n'était pas ainsi.

**ÉVA** *éclate de rire.*

Oh! non…

**HECTOR**

Vous reconnaissez ma voix, mes yeux pourtant?

**ÉVA**

Oui, mais cela ne suffit pas.

**HECTOR**

J'ai la même taille ! Je suis grand, bien fait. Je vous assure que je suis bien fait.

**ÉVA**

Je ne crois qu'aux visages.

**HECTOR**

C'est horrible ! C'est horrible ! Je ne retrouverai jamais sous quelle forme je vous ai plu. Ce n'était pas en femme, au moins ?

**ÉVA**

Pour qui me prenez-vous ?

**HECTOR**

Ni en Chinois ?

**ÉVA**

Vous avez complètement perdu le sens. J'attendrai que vous soyez plus drôle.
*Elle va s'asseoir plus loin. Il veut la suivre, elle se retourne, excédée.*
Ah ! non, je vous en prie, non ! Ne me suivez pas tout le temps en changeant de barbe… Cela finit par me donner le vertige !

**HECTOR**, *affalé.*

Et dire que cet imbécile de Peterbono s'obstine à m'affirmer que c'est en aviateur !

**LORD EDGARD** *passe avec des papiers plein les bras.*

Il n'est pas admissible que je ne puisse retrouver cette lettre dont la vérité doit jaillir d'aussi curieuse façon.

*Il aperçoit Hector avec sa nouvelle tête. Il bondit sur lui, laissant tomber tours ses papiers.*

Enfin!... Vous êtes le détective de l'agence Scot-tyard?

**HECTOR**

Non, Monsieur.

*Il se lève pour sortir.*

**LORD EDGARD**

Parfait! Excellente réponse. J'ai recommandé qu'on soit discret. Mais je suis lord Edgard, lui-même, vous pouvez vous dévoiler sans crainte...

**HECTOR**

Je vous dis que je ne suis pas la personne que vous attendez.

*Il sort.*

**LORD EDGARD**, *le suivant.*

Compris! Parfait! Vous suivez mot pour mot ma consigne. J'avais demandé qu'on soit prudent!

*Lady Hurf est entrée pendant qu'ils sortaient; elle a été s'asseoir près d'Éva, un magazine à la main.*

**LADY HURF**

Ma petite Éva s'ennuie.

*Éva lui sourit sans lui répondre. Derrière le dos de lady Hurf,*

*Hector revient par une autre porte avec une nouvelle tête et la montre à Éva, muet. Elle fait «non». Il s'en va accablé.*

**LADY HURF,** *qui a posé son magazine avec un soupir.*
Ma petite Éva s'ennuie tant qu'elle peut.

**ÉVA** *sourit.*
Oui, ma tante.

**LADY HURF**
Moi aussi, ma chérie, je m'ennuie.

**ÉVA**
Mais, moi, j'ai vingt-cinq ans, alors c'est un peu triste.

**LADY HURF**
Tu verras quand tu en auras presque soixante comme moi, combien c'est plus triste, Éva. Il te reste l'amour, à toi. Tu devines qu'il y a déjà plusieurs années que j'y ai officiellement renoncé.

**ÉVA**
Oh! l'amour…

**LADY HURF**
Quel soupir! Depuis ton veuvage, tu as eu des amants?

**ÉVA**
Je n'en ai pas rencontré qui m'ait aimée.

**LADY HURF**

Tu demandes trop. Si tes amants t'ennuient, marie-
toi, cela leur donnera du piquant.

**ÉVA**

Avec qui?

**LADY HURF**

Bien entendu, ces Dupont-Dufort t'excèdent
comme moi. Et les Espagnols?

**ÉVA**

Le prince Hector me poursuit en changeant de
moustaches dans l'espoir de retrouver l'aspect sous
lequel il m'avait plu.

**LADY HURF**

Vraiment plu?

**ÉVA** *sourit.*

Je ne sais plus.

**LADY HURF**

Ce sont d'étranges personnages.

**ÉVA**

Pourquoi?

**LADY HURF**

Pour rien. Je te l'ai dit, je suis une vieille carcasse qui
s'ennuie. J'ai eu tout ce qu'une femme peut raison-
nablement et même déraisonnablement souhaiter.

L'argent, la puissance, les amants. Maintenant que je suis vieille, je me retrouve autour de mes os aussi seule que lorsque j'étais une petite fille qu'on faisait tourner en pénitence contre le mur. Et ce qui est plus grave, je me rends compte qu'entre cette petite fille et cette vieille femme, il n'y a eu, avec beaucoup de bruit, qu'une solitude pire encore.

ÉVA

Je vous croyais heureuse.

LADY HURF

Tu n'as pas de bons yeux. Je joue un rôle. Je le joue bien comme tout ce que je fais, voilà tout. Toi, tu joues mal le tien !
*Elle lui caresse les cheveux.*
Petite fille, petite fille, vous serez toujours poursuivie par des désirs qui changeront de barbes sans que vous osiez jamais leur dire d'en garder une pour les aimer. Surtout ne vous croyez pas une martyre ! Toutes les femmes sont pareilles. Ma petite Juliette, elle, sera sauvée parce qu'elle est romanesque et simple. C'est une grâce qui n'est pas donnée à toutes.

ÉVA

Il y en a qui aiment.

LADY HURF

Oui. Il y en a qui aiment un homme. Qui le tuent d'amour, qui se tuent pour lui. Mais elles sont très rarement millionnaires.
*Elle lui caresse les cheveux encore, avec une mélancolie souriante.*

Va, tu finiras comme moi, sous les traits d'une vieille femme couverte de diamants, qui joue aux intrigues pour tâcher d'oublier qu'elle n'a pas vécu. Et encore… Je voudrais rire un peu. Je joue avec le feu et le feu ne veut même pas me brûler.

**Éva**
Que voulez-vous dire, ma tante?

**Lady Hurf**
Chut! Voici nos marionnettes.
*Précédés du musicien, Peterbono et Hector paraissent sur le seuil, bientôt suivis des Dupont-Dufort. Ils se précipitent tous ensemble sur les dames, mais ce sont les voleurs qui arrivent les premiers à leur baiser les mains.*

**Lady Hurf** *pousse soudain un cri et se lève.*
Ah! j'ai une idée!

**Peterbono**, *effrayé, à Hector.*
Elle m'a fait peur. Chaque fois qu'elle crie, je crois que c'est ma barbe.

**Lady Hurf**
Où est Juliette?

**Éva**
Dans le parc, avec le prince Pedro. Ils ne se quittent pas.

**Peterbono**
Charmants enfants!

**LADY HURF** *appelle.*

Juliette !

**JULIETTE** *rentre avec Gustave.*

Vous m'appelez, ma tante ?

**LADY HURF** *l'attire à part.*

Tu as les yeux rouges, petite fille. Attention, il ne faut pas être malheureuse, ou bien je coupe les fils aux pantins.

**JULIETTE**

Que voulez-vous dire, ma tante ?

**LADY HURF**

Si j'ai parlé entre mes dents, c'est pour que tu ne me comprennes pas. Venez toutes les deux.

*Elle a pris Juliette et Éva par la taille, elle les entraîne vers le jardin.*

J'ai une idée pour égayer un peu cette soirée, vous allez me dire ce que vous en pensez.

*Elles sont sorties. Les Dupont-Dufort se regardent.*

**DUPONT-DUFORT PÈRE**

Suivons ces dames, fiston. Et soyons de plus en plus aimables, notre salut est à ce prix.

**DUPONT-DUFORT FILS**

Oui, papa.

*Les trois voleurs sont restés seuls. Détente. Ils respirent.*

HECTOR, *tendant une boîte de cigares à Peterbono.*
> Un cigare, cher ami ?

PETERBONO *se sert.*
> Je les prise. Ils sont remarquablement bons.

HECTOR, *le servant.*
> Un peu de fine ?

PETERBONO
> Merci.
> *Ils boivent.*

HECTOR
> Encore un cigare, peut-être ?
> *Peterbono les rafle carrément.*
> Je suis confus. Si, si, je suis confus. Je ne peux être
> que confus.
> *Il a un remords. Il reprend la boîte.*
> Mais puis-je à mon tour vous en offrir un ?

HECTOR *en tire en vrac de ses poches.*
> Je vous remercie. Je me suis servi.
> *Un moment de bonheur et d'infinie distinction. Ils se carrent
> béatement sur le canapé. Soudain Hector montre à Peterbono
> Gustave qui n'a rien dit encore, sombre et triste dans son coin.*

PETERBONO *se lève et s'approche de Gustave.*
> Eh bien, fiston, tu as l'air triste ? Tu as une belle
> chambre, tu manges bien, tu as une belle petite à qui
> faire la cour, tu joues les princes et tu trouves le
> moyen d'être triste ?

**GUSTAVE**
Je veux m'en aller.
*Les deux autres ont dressé l'oreille.*

**PETERBONO**
Hein ? T'en aller d'ici ?

**GUSTAVE**
Oui, d'ici.

**PETERBONO**
Hector ! Gustave est devenu fou.

**HECTOR**
Pourquoi veux-tu t'en aller ?

**GUSTAVE**
Je suis amoureux de la petite.

**HECTOR**
Eh bien ?

**GUSTAVE**
Mais vraiment amoureux.

**PETERBONO**
Eh bien ?

**GUSTAVE**
Elle ne sera jamais à moi.

**PETERBONO**

Pourquoi cela, fiston ? Tu n'as jamais été dans d'aussi bonnes conditions. Tu es supposé prince et riche. Cours ta chance, prends-la.

**GUSTAVE**

Je ne veux pas coucher avec elle, une fois, pour être obligé de la quitter après.

**PETERBONO**

Il faudra sûrement la quitter un jour.

**GUSTAVE**

Et puis j'ai honte de lui jouer cette comédie. Je préfère m'en aller tout de suite, ne plus la voir.

**HECTOR**

Il est fou.

**PETERBONO**

Complètement fou.

**GUSTAVE**

Enfin, pourquoi sommes-nous ici ?

**PETERBONO**

Pourquoi ? Mais nous faisons notre saison, fiston.

**GUSTAVE**

Nous sommes ici pour faire un coup. Faisons-le et partons.

**PETERBONO**

Et la préparation? Songes-tu à la préparation?

**GUSTAVE**

Elle a assez duré, la préparation.

**PETERBONO**

Cela ne t'est pas pénible à toi, Hector, d'écouter des apprentis vouloir nous donner des leçons?

**HECTOR**

On fera le coup, bien sûr, puisqu'on est là pour cela. Mais sais-tu seulement quel coup nous voulons faire?

**GUSTAVE**

Rafler le salon?

**PETERBONO**

Avec des sacs, hein? Comme des romanichels! Hector, cet enfant a l'esprit bien bas. Sache, gamin, que nous ne sommes pas encore fixés sur le coup que nous allons faire. Et si notre conduite peut te sembler curieuse à toi, un novice, c'est que nous sommes en train d'étudier les possibilités de cette maison.

**GUSTAVE**

Vous vous prélassez ici parce qu'il y a de la fine et des cigares et qu'Hector croit toujours qu'il va se faire reconnaître d'Éva. Mais au fond, vous ne savez pas ce que vous voulez faire. Je suis un apprenti, peut-être, mais, moi, je vous le dis : ce n'est pas du travail!

PETERBONO *court à Hector.*
Hector, retiens-moi !

HECTOR, *qui fume encore béatement.*
Gustave, ne te bute pas. Comprends-nous…

PETERBONO
Hector, retiens-moi !

HECTOR
Nous hésitons…

PETERBONO
Retiens-moi, Hector ! Retiens-moi

HECTOR *lui prend le bras pour lui faire plaisir.*
Oui, je te retiens.

PETERBONO, *dompté.*
Tu fais bien.

HECTOR, *à Gustave.*
Nous hésitons entre plusieurs solutions possibles…

GUSTAVE
Lesquelles ?

HECTOR
Les lui confie-t-on, Peter ? Tu ne crains pas une indiscrétion de jeune homme ?

**PETERBONO** *hausse les épaules.*
Confie-les-lui. Puisque nous lui devons des comptes maintenant.

**HECTOR**
Soit. Dis-lui d'abord ce que tu proposais, Peter…

**PETERBONO**
À toi, Hector, à toi.

**HECTOR**, *gêné.*
Eh bien…

**GUSTAVE**
Vous ne savez rien.

**HECTOR** *bondit sous l'outrage.*
Nous ne savons rien ? Nous hésitions entre le coup du faux chèque donné en échange d'un bijou un samedi, ce qui nous donne deux jours pour nous mettre hors d'atteinte ou celui du vrai chèque reçu en échange d'un faux bijou dans les mêmes conditions… Nous pensions également offrir à lady Hurf des fleurs somnifères (en prenant garde de ne pas les respirer) pour lui subtiliser ses perles dès qu'elle dormirait !

**PETERBONO**, *également très remonté.*
Nous pouvions simuler un duel avec les Dupont-Dufort ! Nous les blessions et à la faveur du tumulte nous raflions l'argenterie.

**GUSTAVE**

Et si c'est vous qui étiez blessés ?

**PETERBONO**

Impossible !

**GUSTAVE**

Pourquoi ?

**PETERBONO** *crie.*

Je ne sais pas ! Mais c'est impossible.

**HECTOR**

Nous pouvions encore faire semblant d'avoir été volés et monter un chantage énorme !

**PETERBONO**

Faire semblant de trouver une perle en mangeant des huîtres et l'échanger contre une perle de lady Hurf, que sais-je ?

**GUSTAVE**

Nous sommes en été, il n'y a pas d'huîtres à Vichy.

**PETERBONO**

C'est un exemple !

**GUSTAVE**

En somme, vous n'avez rien trouvé. Moi, je veux faire le coup ce soir et m'en aller.

**PETERBONO**

Ce soir ? Et pourquoi pas tout de suite ?

**GUSTAVE**

Oui, pourquoi pas tout de suite ? Je veux m'en aller, m'en aller le plus tôt possible.

**PETERBONO**

Il va nous perdre ! Gustave, pense à ta pauvre mère qui t'a confié à moi.

**GUSTAVE**

Non.

**PETERBONO**

Je vais te maudire ! Naturellement, cela t'est égal que je te maudisse ?

**GUSTAVE**

Oui.

**PETERBONO** *hurle.*

Retiens-moi, Hector !
*Il s'accroche à Gustave.*

Quinze jours encore. Nous le ferons, le coup, mais nous sommes bien ici, et ce n'est pas si souvent que nous sommes bien…

**GUSTAVE**

Non. Je suis trop malheureux.
*Il sort.*

**HECTOR** *bondit à sa poursuite.*

Suivons-le et tâchons de l'arrêter, il va causer un scandale.

**PETERBONO** *l'appelle.*

J'ai une idée ! Si nous faisions semblant de ne pas le connaître ?

*Hector hausse les épaules, et sort sans vouloir même envisager une pareille solution.*

*Lord Edgard entre, précédé du musicien qui fait des trémolos sur son saxophone comme s'il pressentait quelque coup du destin. Il est en train de fouiller dans le tas de papiers qui ne le quitte jamais. Soudain il se redresse, pousse un grand cri et s'écroule évanoui sur son tas de lettres. Le musicien court chercher tout le monde en jouant des notes sans suite.*

**JULIETTE** *entre.*

Mon oncle… Qu'avez-vous, mon oncle ?…

*Elle le hisse sur son fauteuil.*

Ses mains sont froides. Quel est ce faire-part ?

*Elle le lit, bouleversée, et le cache précipitamment dans sa poche.*

*Elle sort en criant.*

Ma tante ! vite, ma tante !…

*La clarinette est dans une grande confusion. Elle multiplie les trémolos tragiques, tout le monde entre derrière le musicien en criant ; on entend :*

— Une attaque…

— À son âge.

— Non, il n'est qu'évanoui.

— De l'air, écartez-vous !

— Il faut aller chercher le médecin.

— Non, il revient à lui.
— Il est tout à fait remis !
— C'est une émotion.
— Il a peut-être trouvé ce qu'il cherchait.
*La musique s'est tue. Un énorme silence.*

**PETERBONO,** *à Hector, dans le silence.*
L'occasion rêvée…

**HECTOR**
Oui, mais que faire ?

**PETERBONO**
Rien, bien entendu, mais c'est tout de même l'occasion rêvée.

**LORD EDGARD** *s'est redressé lentement. Il commence d'une voix blanche.*
Mes amis, j'ai une affreuse nouvelle à vous annoncer. Le duc de Miraflor est mort à Biarritz en 1904.
*Tout le monde regarde Peterbono, qui est très gêné. Petite ritournelle goguenarde.*

**PETERBONO**
C'est ridicule.

**HECTOR,** *bas.*
Tu parles d'une occasion rêvée !

**PETERBONO,** *de même.*
Ce n'est pas le moment de plaisanter. Approche-toi de la fenêtre.

**Lady Hurf**

Vous êtes fou, Edgard?

**Lord Edgard**

Non, non. J'ai retrouvé le faire-part. Je savais bien que je le retrouverais ce faire-part. Depuis le premier jour.
*Il se fouille.*
Où est-il? Ah! ça, par exemple, où est-il? Je l'avais à l'instant! Oh! mon Dieu, je l'ai déjà perdu!

**Dupont-Dufort père**

Tout se découvre.

**Dupont-Dufort fils**

Nous sommes sauvés.
*À Peterbono qui se dirige insensiblement vers la fenêtre.*
Vous ne restez pas pour prendre des nouvelles de notre hôte?

**Peterbono**

Si, si.

**Lady Hurf**

Edgard, vous faites une plaisanterie ridicule à ce cher duc.

**Lord Edgard**

Mais, chère amie, je vous certifie…

**Lady Hurf**

Venez, mon cher duc, lui montrer que vous n'êtes pas mort.

PETERBONO, *qu'on pousse, gêné.*
> Mais non, je ne suis pas mort.

LORD EDGARD
> Pourtant, j'ai retrouvé votre faire-part.

LADY HURF, *derrière lui, le pince.*
> Edgard, je suis sûre que vous vous trompez. Faites
> vos excuses.

LORD EDGARD
> Mais enfin, chère amie…

LADY HURF *le pince plus fort.*
> Je suis sûre, entendez-vous, que vous vous trompez.

LORD EDGARD *se frotte le bras, puis rageur.*
> Aïe ! En effet, maintenant que vous me le dites, je
> pense que j'ai dû confondre avec le duc d'Orléans.

LADY HURF
> C'est parfait. L'incident est donc clos ?

PETERBONO, *soulagé.*
> Complètement clos.

LADY HURF
> Alors, passons tous sur la terrasse, j'y ai fait servir le
> café. Je vais vous faire part de mon idée.

DUPONT-DUFORT PÈRE, *emboîtant le pas.*
> Je trouve que c'est une excellente idée !

LADY HURF, *qu'il exaspère.*
Attendez, mon cher, je ne l'ai pas encore dite…
Voilà, on donne ce soir un Bal des Voleurs au
Casino. Nous allons tous nous déguiser en voleurs
et y aller…

DUPONT-DUFORT PÈRE ET FILS *éclatent aussitôt de rire.*
Hi! Hi! Hi! Dieu, que c'est drôle!

DUPONT-DUFORT PÈRE, *sortant, à son fils.*
Flattons ses moindres lubies.

PETERBONO, *furieux, en sortant, à Hector.*
Moi, je trouve cela de très mauvais goût. Pas toi?
*Juliette, qui est restée seule, ne bouge pas un instant. La
musique a commencé doucement le thème de la romance
quelque part au loin. Alors Juliette sort doucement le faire-part
de son corsage et le lit.*

JULIETTE
«Nous avons la douleur de vous faire part de la
mort de Son Altesse Sérénissime le duc de Miraflor
y Grandes, marquis de Priola, comte de Zeste, de
Galbe… On se réunira…»
*Elle rêve un instant.*
Son père n'est pas le duc de Miraflor, alors qui peut-
il être? Pourquoi a-t-il sorti l'automobile du
garage? Pourquoi se cache-t-il?

LA PETITE FILLE *entre.*
Mademoiselle Juliette, j'en ai trouvé des marguerites
qui ont beaucoup de pétales.

JULIETTE

Comment, tu n'es pas encore couchée ?

LA PETITE FILLE

Je vous cherchais des marguerites.

JULIETTE

Merci, tu es un amour.
*Elle l'embrasse.*
Tu comprends, ma petite vieille, son père est sans
doute un aventurier, mais il m'aime, n'est-ce pas ? Il
m'aime sûrement ?

LA PETITE FILLE

Oui, Mademoiselle Juliette.

JULIETTE

Qu'est-ce que tu veux que cela nous fasse alors qu'il
soit aventurier ou même pis ? À ma place, tu l'aimerais tout de même, n'est-ce pas ? Mais pourquoi
ses yeux sont-ils si durs lorsque je veux lui parler de
lui ? S'il veut me séduire, ce qui doit être assez bien
pour lui puisque je suis très riche, il devrait être tout
le temps aimable, au contraire... Crois-tu qu'il préfère Éva ? Cela serait terrible...

LA PETITE FILLE

Je ne sais pas.

JULIETTE *l'embrasse encore.*
Bien sûr, tu ne sais pas. Viens. Je vais te reconduire
chez ton père. Tu n'as pas peur, le soir ?

**LA PETITE FILLE**
Non.

**JULIETTE**
C'est très bien, moi non plus. Tu sais, il ne faut pas
avoir peur des voleurs…
*Elles sortent.*

RIDEAU

## TROISIÈME TABLEAU

*Même décor. Au lever du rideau la pièce est dans l'obscurité. Une ombre, c'est Gustave avec une lampe électrique. Il a des vêtements sombres, une casquette. Il examine silencieusement les objets du salon. Soudain il entend un bruit, il éteint sa lampe. Un petit sifflement. Deux ombres surgissent. Deux lampes s'allument, se croisent et fixent Gustave.*

GUSTAVE
Qu'est-ce que c'est?

L'OMBRE
On vient pour le coup.

GUSTAVE
C'est Peterbono?

L'OMBRE
Non. Nous sommes les nouveaux.

LA DEUXIÈME OMBRE
Les nouveaux bandits.

**GUSTAVE**
Mais enfin, qu'est-ce que c'est?
*Il sort un revolver.*
Haut les mains!

**DUPONT-DUFORT PÈRE**, *car c'est lui.*
Ah! Ah! elle est bien bonne!... Où avez-vous trouvé ce revolver? Il est magnifique!

**GUSTAVE**
N'approchez pas ou je tire!

**DUPONT-DUFORT PÈRE**
Pas de résistance, vous êtes frit!

**GUSTAVE**
N'approchez pas, nom de Dieu!
*Il tire.*

**DUPONT-DUFORT PÈRE** *glousse, inconscient du danger.*
Ah! Ah! Bravo!

**GUSTAVE**
Comment, bravo?
*Il tire encore.*

**DUPONT-DUFORT FILS**
Mais c'est formidablement bien imité! Où l'avez-vous acheté ce pétard?

**GUSTAVE**
Mais enfin, n'approchez pas!

*Il tire à nouveau, une potiche tombe et se brise avec un fracas épouvantable.*

DUPONT-DUFORT PÈRE, *sévère, à son fils.*
Didier, tu es toujours aussi maladroit!

DUPONT-DUFORT FILS *proteste dans l'ombre.*
Mais ce n'est pas moi, papa!

DUPONT-DUFORT PÈRE
Ce n'est pourtant pas moi, je suis au milieu de la pièce.

DUPONT-DUFORT FILS
Mais moi aussi, papa!

DUPONT-DUFORT PÈRE, *soudain inquiet.*
Mais alors qui a cassé ce vase?

LORD EDGARD *entre et allume la lumière, il est en habit avec un casque de policeman.*
Attention! attention! vous faites beaucoup de bruit.
Comment trouvez-vous mon casque?

DUPONT-DUFORT PÈRE, *qui s'est fait ainsi que son fils une terrible tête d'apache.*
Magnifique, mon cher Lord!…

LORD EDGARD *est sorti. Il va à Gustave ahuri.*
Par exemple, vous, vous n'êtes pas très bien réussi.
Un peu trop simple… Tout est dans les détails.
Regardez… La petite balafre.

**DUPONT-DUFORT FILS**

Et le bandeau noir sur l'œil.

**DUPONT-DUFORT PÈRE**

Nous avons été aussi avec des amis américains dans les bals de la rue de Lappe. On ne nous a pas remarqués.

**DUPONT-DUFORT FILS**

Croyez-le, si vous le voulez !

**GUSTAVE**

Mais qu'allez-vous faire avec ces têtes ?

**DUPONT-DUFORT PÈRE**

Aller au Casino.

**DUPONT-DUFORT FILS**

Oui ! Au Bal des Voleurs ! et vous aussi !

**GUSTAVE**

Ah ? Oui, naturellement… moi aussi.

**DUPONT-DUFORT PÈRE**

Seulement, je vous conseille de vous refaire votre tête, mon petit ami. C'est beaucoup trop simple. Vous n'avez pas l'air d'un vrai voleur.

**GUSTAVE**

Vous avez raison. J'y vais tout de suite.
*Il va sortir, il s'arrête.*
Dites-moi. Tout le monde y va à ce Bal des Voleurs ?

DUPONT-DUFORT PÈRE
Bien sûr, tout le monde !

GUSTAVE
C'est parfait. À tout à l'heure.
*Il sort.*

DUPONT-DUFORT PÈRE
Il n'a aucune imagination, ce garçon !

DUPONT-DUFORT FILS
Si les autres, comme c'est probable, se sont fait des
têtes aussi ridicules, nos affaires sont en bonne voie.
Il n'y a que nous qui serons remarqués !

DUPONT-DUFORT PÈRE
Tu as lu les derniers télégrammes ?

DUPONT-DUFORT FILS
Oui.

DUPONT-DUFORT PÈRE
Si nous ne sortons pas d'argent de cette maison,
c'est la Belgique. Sois séduisant.

DUPONT-DUFORT FILS
Tu vois bien que je fais ce que je peux.

DUPONT-DUFORT PÈRE
Je sais. Tu es un garçon travailleur et honnête ; mais
ne te relâche pas une minute. La réussite de ce soir
compte beaucoup pour nous. Et d'ailleurs il y a

chez nos rivaux une atmosphère louche dont un scandale ne peut manquer de naître un jour. C'est visiblement lady Hurf qui a fait taire le vieil idiot tout à l'heure lorsqu'il prétendait que le duc de Miraflor était mort en 1904. Ouvrons l'œil et soyons prêts à toute éventualité.

**DUPONT-DUFORT FILS**
Il faut nous débarrasser de ces gaillards. C'est une question de vie ou de mort.

**DUPONT-DUFORT PÈRE**
Laissons-les s'enferrer et soyons de plus en plus aimables. Attention, voici lady Hurf !
*Entrent lady Hurf et Éva, en voleuses de cotillon.*

**LADY HURF** *aperçoit les Dupont-Dufort qui toussaient désespérément pour attirer l'attention.*
Oh ! Surprenants ! Ils sont surprenants ! Je ne m'attendais pas à cela de leur part. Éva, que penses-tu de nos hôtes ?

**ÉVA**
Comment avez-vous fait pour vous réussir de telles têtes ?

**DUPONT-DUFORT PÈRE**, *minaudant.*
Nous sommes bien contents.

**DUPONT-DUFORT FILS**
Que vous soyez contente.

**LADY HURF**
>Ils ont toujours l'air d'attendre des pourboires.

**ÉVA**
>C'est bien cela, d'ailleurs.

**LADY HURF**
>Le duc et son fils tardent.

**ÉVA**
>Je les ai appelés en passant. Ils disent qu'ils ne peuvent pas arriver à se mettre en voleurs.

**LADY HURF,** *sortant.*
>Messieurs, montez les chercher, je vous en prie, et donnez-leur quelque bon conseil.

**DUPONT-DUFORT PÈRE**
>Certainement. Certainement.
>*À son fils.*
>Soyons aimables…

**DUPONT-DUFORT FILS**
>Soyons très aimables.
>*Ils sortent avec des courbettes. Juliette passe furtivement.*

**ÉVA**
>Tu n'es pas encore prête?

**JULIETTE**
>Je vais me préparer.

ÉVA

Tu nous feras mettre en retard.

JULIETTE

Partez devant. J'arriverai seule, avec la petite voiture.

ÉVA, *soudain.*

Tu es amoureuse de ce garçon?

JULIETTE

Pourquoi me demandes-tu cela?

ÉVA

C'est vrai. Pourquoi demande-t-on aux gens s'ils sont amoureux puisque cela se voit toujours?

JULIETTE

Cela se voit?

ÉVA

Oui.

JULIETTE

Eh bien, tu te trompes. Je ne suis amoureuse de personne.

*Elle va sortir. Éva la rappelle.*

ÉVA

Juliette! Pourquoi me crois-tu ton ennemie?

JULIETTE *s'arrête.*

Tu es mon ennemie.

ÉVA

Non, je t'aime beaucoup. Assois-toi.

JULIETTE *marche sur elle soudain.*

Tu es amoureuse de lui, n'est-ce pas? Tu veux me le prendre et me parler avant pour que je n'aie pas trop de peine? D'ailleurs vous êtes peut-être même convenus de cela tous les deux? C'est cela, n'est-ce pas. C'est cela? Mais parle donc! Pourquoi souris-tu ainsi?

ÉVA

Comme tu as de la chance d'être amoureuse à ce point!

JULIETTE

Tu es plus jolie que moi, je le sais, et tu prends tous les hommes que tu veux.

ÉVA

Ah! si je pouvais les vouloir...

JULIETTE

Tu ne le veux pas, lui?

ÉVA

Non, petite sotte.

JULIETTE

Tu ne lui as jamais parlé sans que je te voie?

ÉVA

Si j'en avais eu envie cela m'aurait été bien difficile.

Il suffit qu'il s'approche de moi par accident pour que tu ne nous quittes pas des yeux.

JULIETTE

Je me méfie. Je l'aime vraiment, tu sais.

ÉVA

Petite chanceuse…

JULIETTE

Tu me jures que tu n'as jamais essayé de lui plaire ?

ÉVA

Je te le jure.

JULIETTE

Même le jour où vous avez dansé deux danses de suite ensemble ?

ÉVA

C'est l'orchestre qui avait repris le tango.

JULIETTE

Même le jour où vous êtes partis en canot pendant que les Dupont-Dufort voulaient m'apprendre à jouer au baccara ?

ÉVA

Même ce jour-là. Il avait l'air tellement triste que je lui ai proposé tout de suite de revenir, mais nous ne t'avons pas retrouvée.

JULIETTE

Ce jour-là, cela m'étonne bien. Il n'avait pas les mêmes yeux le soir.

ÉVA

C'est parce qu'il m'avait demandé s'il te plaisait et que je lui avais répondu que tu étais une petite fille très fantasque dont on ne pouvait rien savoir.

JULIETTE

C'est pour cela?
*Un petit temps.*
Tu aurais pu lui répondre autre chose, tout de même.

ÉVA

Tu es contente maintenant?

JULIETTE

Tu n'as pas essayé de lui plaire même au début, même le premier jour.

ÉVA

Même le premier jour.

JULIETTE

Alors je suis contente.

ÉVA

Pourquoi n'as-tu jamais confiance en moi? J'ai l'impression que je suis une vieille auprès de toi.

JULIETTE

Tu es tellement mieux. Tu fais tellement plus femme.

ÉVA

Tu crois?

JULIETTE

Cela m'étonne tout de même ce que tu me dis. Avoue qu'il est pourtant plus séduisant qu'Hector par qui tu te laisses faire la cour…

ÉVA

Crois-tu que de te voir si amoureuse de lui cela n'aurait pas pu m'arrêter au seuil d'un simple flirt?

JULIETTE

Tu es chic!

ÉVA

Oh! non. J'aurais bien voulu avoir tant envie de lui que je t'aurais sacrifiée sans penser à toi une seconde.

JULIETTE

Quand tu manges tes perles, c'est que cela va mal.

ÉVA

Cela va mal.

JULIETTE

Tu es pourtant très belle ce soir… Tu auras tous les hommes du bal.

ÉVA

Tous.

JULIETTE

Je ne ris pas.

ÉVA

Moi non plus. Je les aurai tous, j'en suis sûre. Mais c'est très triste.

JULIETTE

Tu n'es pas heureuse ?

ÉVA

Non.

JULIETTE

C'est facile, tu sais, pourtant. Il n'y a qu'à se laisser aller. On ne passe d'ailleurs pas une minute sans être malheureux, mais je crois bien que c'est cela être heureux.

ÉVA

Tu as toujours cru que j'étais la plus grande, la plus belle, la plus forte, parce que j'avais plus d'hommes autour de moi. Mais tu vois bien qu'il n'y a que toi qui es vivante ici. Il n'y a peut-être que toi à Vichy, que toi au monde…

JULIETTE, *dressée, souriant à son rêve.*

Oh ! oui, je suis vivante.

**ÉVA**

Et tu es toute intacte, toute prête à croire…

**JULIETTE**

À tout croire…

**ÉVA**

Tu n'as jamais eu comme moi un homme dans ton lit, sans amour. Tu n'as même pas de perles à ton cou, pas de bague à ton doigt. Je suis sûre que tu es toute nue sous ta robe de toile blanche, et tu as vingt ans, et tu es amoureuse.

*Juliette ne bouge pas, offerte à l'invisible avec un demi-sourire.*

**ÉVA** *la regarde brusquement.*

Juliette, pourquoi n'es-tu pas en voleuse comme nous?

**JULIETTE** *éclate soudain de joie.*

Oh! Je suis trop heureuse! Je n'ai pas le courage de rester près de toi qui es triste. Quand je serai un peu moins heureuse, je penserai à toi, je te le jure.

*Elle l'embrasse et se sauve.*

Chut!

**ÉVA**

Quel mystère! Que veux-tu dire?

*Lady Hurf entre avec les Dupont-Dufort.*

**LADY HURF**

Nous allons faire une entrée magnifique.

**DUPONT-DUFORT PÈRE**
   Ces Messieurs sont prêts.

**LADY HURF**
   Sont-ils bien?

**DUPONT-DUFORT PÈRE**
   C'est une affaire de goût.

**DUPONT-DUFORT FILS**
   D'ailleurs les voici.
   *Peterbono et Hector entrent. Ils se sont fait des têtes de bandits d'opérette absolument ridicules. Tous éclatent de rire.*

**HECTOR**
   Pourquoi rient-ils?

**PETERBONO**
   Comment s'imaginent-ils les voleurs? Ils n'ont jamais été au théâtre?

**LADY HURF**
   Mais en quoi êtes-vous, mon cher duc?

**PETERBONO**
   En voleur.

**HECTOR**, *à Éva.*
   Ce n'était pas ainsi, au moins?

**ÉVA**
   Oh! non!

**PETERBONO,** *à lady Hurf.*
> Vous ne nous aimez pas?

**LADY HURF**
> Beaucoup!

**PETERBONO**
> Avouez que nous ne sommes pas bien.

**LADY HURF**
> Mon cher, on ne peut pas demander à des Grands d'Espagne de se réussir des têtes de voleurs.

**PETERBONO**
> Bien dit. N'est-ce pas, Hector?
> *Énormes bourrades.*

**LADY HURF**
> En route. La voiture est prête. Où est lord Edgard? Il ne peut pas s'arracher de la glace.
> *Elle appelle.*
> Edgard!
> *Il apparaît, toujours en habit, avec son casque de policeman, mais il s'est rasé les moustaches.*

**LORD EDGARD**
> Est-ce que vous croyez que j'ai bien fait de me raser les moustaches?

**LADY HURF,** *sans même le regarder.*
> Je ne sais pas! Allez, au bal! Au bal!
> *La musique attaque aussitôt un quadrille très brillant, que les*

*voleurs dansent avec les ladies sans que les Dupont-Dufort arrivent à y prendre part – puis une java extrêmement canaille que les Dupont-Dufort finissent en désespoir de cause par danser ensemble avec beaucoup de brio… Tous les personnages sortent en dansant.*

**DUPONT-DUFORT PÈRE,** *sortant le dernier en dansant avec son fils.*
Nos affaires vont de mieux en mieux.

**DUPONT-DUFORT FILS**
Soyons spirituels en diable.

**DUPONT-DUFORT PÈRE**
Et redoublons d'amabilité.
*La scène reste vide un instant. Un domestique passe et éteint le grand lustre. Il ferme les fenêtres. Un moment encore et Gustave paraît. Il écoute. On entend l'auto qui s'éloigne. Il fait le tour de la pièce en inspectant les objets un à un. Soudain il se plaque contre le mur…*

**JULIETTE** *entre en costume de voyage.*
Me voilà.

**GUSTAVE**
Qu'est-ce que vous venez faire ici ?

**JULIETTE**
Je viens.

**GUSTAVE**
Pourquoi n'êtes-vous pas avec les autres ?

JULIETTE

Je viens vous retrouver.

GUSTAVE

Fichcz le camp, allez !

JULIETTE

Pourquoi me parlez-vous durement ?

GUSTAVE

Fichez le camp.

JULIETTE

Je vais partir, bien sûr, si vous ne me voulez pas. Je croyais que vous m'auriez voulue. Qu'avez-vous ?

GUSTAVE

J'ai mal à la tête. Je veux rester ici.

JULIETTE

Pourquoi me racontez-vous cette histoire, à moi ?

GUSTAVE

Je ne vous raconte pas d'histoire. Fichez le camp, ma petite. Allez, oust !

JULIETTE

Mais vous ne m'avez jamais parlé comme cela !

GUSTAVE

Il y a un commencement à tout.

JULIETTE

Qu'est-ce que je vous ai fait?

GUSTAVE

Rien de particulier. C'est trop compliqué à vous expliquer et, d'ailleurs, vous ne comprendriez peut-être pas.

JULIETTE

Mais, Monsieur Pedro...

GUSTAVE

Primo : il n'y a pas de Monsieur Pedro, je m'appelle Gustave ; deuxièmement : je vous demande de sortir.

JULIETTE

Et moi qui croyais que vous m'aimiez...

GUSTAVE

On se trompe quelquefois.

JULIETTE

Mais vous me le disiez !

GUSTAVE

Je vous mentais.

JULIETTE

Oh ! ce n'est pas vrai...

**GUSTAVE** *va à elle, décidé.*
Ma petite vieille, j'ai besoin que vous sortiez rapidement.

**JULIETTE**
Pourquoi?

**GUSTAVE**
Vous comprendrez tout à l'heure. Pour l'instant, montez dans votre chambre y pleurer vos illusions perdues.
*Il la prend par les bras pour la reconduire à la porte.*
Mais qu'est-ce que vous faites avec ce manteau? En quoi êtes-vous déguisée?

**JULIETTE**
En costume de voyage.

**GUSTAVE**
En costume de voyage? Qu'est-ce qui vous prend?

**JULIETTE**
Oh! ne vous fâchez pas. Je venais vous rejoindre pour partir. Une fois vous m'aviez dit que nous partirions ensemble.

**GUSTAVE**
Oui. Mais je plaisantais. D'ailleurs, comment savez-vous que je dois partir?

**JULIETTE**
Je le sais.

GUSTAVE

Vous avez l'air de savoir beaucoup de choses. Venez avec moi.

JULIETTE

Nous allons peut-être rencontrer un domestique dans le couloir.
*Il la regarde.*
Il vaut mieux ne pas bouger d'ici. Ici nous ne risquons rien.

GUSTAVE

Dupont-Dufort père et fils doivent vous attendre. Allez vous mettre en voleuse comme les autres.

JULIETTE

Les voleuses n'ont jamais de costumes de voyage ?

GUSTAVE

Vous n'allez pas voyager. Vous allez au bal.

JULIETTE

Une fois qu'ils ont volé, les voleurs s'en vont généralement. Pourquoi ne voulez-vous pas que je m'en aille avec vous, puisque vous allez partir ?

GUSTAVE *lui saute dessus.*

Oh ! vous, ma petite, vous en savez trop !

JULIETTE

Oh ! ne me faites pas de mal !

**GUSTAVE**

N'ayez pas peur. Une simple mesure de précaution.
*Il l'a ligotée sur sa chaise, il fouille dans son sac.*

**JULIETTE**

Oh! ne me volez pas mon sac, il n'y a rien dedans.
D'ailleurs, je vous le donne.

**GUSTAVE**

Je vous remercie, je veux simplement un mouchoir.

**JULIETTE**

Pour quoi faire?

**GUSTAVE**

Pour vous bâillonner.
*Il a trouvé son mouchoir qui est minuscule.*
A-t-on idée d'avoir des mouchoirs aussi petits? Tant
pis, le mien est propre.
*Il le jette.*

**JULIETTE**

Oh! mais je ne vais pas crier! pas crier, je vous le
jure. Monsieur Pedro! Gustave, Gusta…
*Il l'a bâillonnée.*

**GUSTAVE**

Voilà, ma petite. Si tu te crois au bal des voleurs, tu
te trompes; moi, je suis un vrai voleur. Hector et le
duc de Miraflor également. Mais eux, en plus, ce
sont des imbéciles. Tu t'es fait des illusions, voilà
tout, et ta tante qui est une vieille piquée s'en est fait

plus que tout autre. Moi, je suis là pour faire un coup et je vais le faire.

*Elle s'agite.*

Ça va... ça va... N'essayez pas de m'attendrir. J'en ai vu d'autres.

*Il commence à garnir ses sacs des objets les plus invraisemblables qu'il trouve dans le salon. Au bout d'un moment il la regarde, il a un remords.*

Cela ne vous serre pas trop?

*Elle fait non de la tête.*

Ça va. Vous êtes sage. Vous comprenez, ma petite vieille, je vous ai fait des roucoulades comme ça, mais au fond je n'en pense pas un mot. C'était pour mon coup.

*Elle s'agite.*

Cela vous embête... Oui, je sais, ce n'est pas très élégant. Que voulez-vous? Dans tous les métiers il y a comme cela une petite part qui n'est pas très élégante. À part cela, je suis honnête, moi, dans mon genre. Je fais mon métier simplement. Sans fioritures. Ce n'est pas comme Peterbono et Hector. Peterbono, c'est le duc de Miraflor. Il faut être propre dans sa partie, ou sans cela il n'y a plus de vie possible.

*Il la regarde à la dérobée.*

Cela ne vous serre pas?

*Il lui sourit.*

Cela m'ennuie un peu de vous avoir fait ce coup-là, parce qu'au fond j'ai menti tout à l'heure. Je vous aime bien.

*Il se remet au travail.*

Enfin, que voulez-vous? Quand le bon Dieu a

inventé les voleurs, il a bien fallu qu'il les prive de quelque chose. Il leur a retiré l'estime des honnêtes gens. Au fond, ce n'est pas terrible. Il aurait pu y avoir plus de casse.

*Il hausse les épaules, il ricane sans oser la regarder.*

Dans quelque temps, vous verrez, nous n'y penserons même plus.

*Il continue d'empiler des objets. Elle s'agite. Il la regarde.*

S'il y avait quelque chose qui vous plaisait ici, il faut me le dire. Je vous le laisserais, en souvenir. Cela me ferait plaisir de vous faire un petit cadeau, quoi!

*Elle le regarde, il est gêné, il s'arrête...*

Oh! ne me regardez pas ainsi. Cela me fend le cœur. Vous le voyez bien que je ne fais cela que parce que je ne peux pas faire autrement. Alors? Laissez-moi faire mon boulot tranquillement.

*Elle remue.*

Vous êtes mal? Vous ne vous étouffez pas au moins? Juliette, si vous me jurez de ne pas appeler, je m'en vais vous retirer votre bâillon. Vous me jurez?

*Elle fait oui.*

C'est bon, j'ai confiance en vous.

*Il lui ôte son bâillon.*

Qu'est-ce que vous allez me dire maintenant, que je suis un vrai voleur?

*Il s'assied, résigné.*


JULIETTE, *sitôt délivrée.*

C'est idiot! C'est complètement idiot! Enlevez-moi ces cordes.

**GUSTAVE**

Ah, ça non! Je suis un bon type, mais je suis sérieux en affaires.

**JULIETTE**

Mais écoutez-moi au moins!

**GUSTAVE**

Qu'est-ce que vous voulez me dire?

**JULIETTE**

Si j'ai mon manteau de voyage, si je suis venue vous retrouver ici, ce n'est pas pour faire l'idiote ligotée sur une chaise. Je le sais bien que vous êtes un vrai voleur. Si vous n'aviez pas été un vrai voleur, je n'aurais pas pensé que vous alliez partir au milieu de la nuit puisque vous êtes l'invité de ma tante.

**GUSTAVE**

Qu'est-ce qui vous prend?

**JULIETTE**

Je vous le répète depuis une heure, je vous aime! Je vous ai vu sortir une voiture du garage, je me doutais que vous étiez un vrai voleur et que c'est ce soir que vous feriez le coup. Comme j'ai pensé que vous partiriez une fois votre coup fait, je me suis habillée pour vous suivre. Vous n'avez pas l'intention de rester?

**GUSTAVE**

C'est une question qu'on ne pose pas aux voleurs.

JULIETTE

Alors, emmenez-moi puisque je vous le demande.

GUSTAVE

Mais je suis un voleur…

JULIETTE *crie, exaspérée.*

Mais je le sais que vous êtes un voleur! Vous ne faites que répéter cela. Je me demande comment vous ne vous faites pas remarquer. Allez, détachez-moi les mains.

GUSTAVE

Mais, Juliette…

JULIETTE

Détachez-moi les mains. Cela me fait horriblement mal.

GUSTAVE

Vous me jurez de ne pas vous sauver pour avertir votre tante?

JULIETTE

Bien sûr, je vous le jure. Ah! vous êtes idiot!

GUSTAVE

J'ai confiance en vous, mais je n'y comprends rien.
*Il lui détache les mains. Elle se remet immédiatement de la poudre; puis se lève, décidée.*

**JULIETTE**

Nous avons perdu un quart d'heure. Dépêchez-vous. Il ne s'agit pas d'être pris maintenant. Vous en avez assez comme cela ?

*Elle montre ses sacs du pied.*

**GUSTAVE**

Mais que faites-vous ?

**JULIETTE**

Oh ! vraiment, vous me feriez douter de votre présence d'esprit. Il faut vous rabâcher les choses. Oui ou non, est-ce que je vous plais ?

**GUSTAVE**

Oh ! oui… Mais.

**JULIETTE**

Bon. C'est l'essentiel. Maintenant, laissez-moi parler. Gustave, si vous me trouvez gentille, moi je vous aime et je veux être votre femme. Oh ! rassurez-vous… Si vous avez peur d'avoir des ennuis avec l'état civil, nous ne nous marierons pas vraiment ! Voilà. Maintenant…

*Elle prend un des sacs.*

C'est tout ce qu'on emporte ?

**GUSTAVE** *lui arrache le sac des mains.*

Non, Juliette ! Vous ne savez pas ce que vous faites. Je ne veux pas. Vous ne pouvez pas me suivre. Qu'est-ce que vous feriez avec moi ?

**JULIETTE**

Je vous aiderai. Je ferai le guet. Je sifflerai quand il viendra quelqu'un. Je sais très bien siffler. Tenez, écoutez.

*Elle siffle terriblement fort.*

**GUSTAVE,** *épouvanté.*

Chut! méfiez-vous!...

*Un silence, ils écoutent.*

**JULIETTE,** *humblement.*

Pardon... Je suis idiote. Emmenez-moi. Je sifflerai moins fort, je vous le jure, et seulement quand il faudra.

**GUSTAVE**

Juliette, c'est un caprice, vous vous moquez de moi, c'est mal.

**JULIETTE**

Oh! non. Ne croyez pas cela. Surtout pas cela! Je vous aime.

**GUSTAVE**

Mais vous savez à quelle vie vous vous exposez?

**JULIETTE**

Oui. Embrassez-moi.

**GUSTAVE**

Juliette, c'est fini votre tranquillité.

**JULIETTE**

Elle était en train de me tuer, ma tranquillité.
Embrassez-moi.

**GUSTAVE**

Juliette, vous êtes heureuse ici tout de même. Vous
ne savez pas ce que c'est de fuir et d'avoir peur. Vous
êtes habituée au luxe.

**JULIETTE**

Mais nous sommes riches avec ce que nous empor-
tons. Si cela vous ennuie tant que je sois traquée par
la police, nous ne volerons plus.

**GUSTAVE**

Les voleurs ne sont pas des gens riches. Tout ce
qu'on prend se revend très mal.

**JULIETTE**

Nous serons pauvres alors. Embrassez-moi.

**GUSTAVE**

J'ai honte, Juliette.

**JULIETTE**

Tu es un petit idiot, chéri. Embrasse-moi.

**GUSTAVE**

J'ai honte, Juliette, j'ai honte.

**JULIETTE**

Cela ne fait rien. Embrasse-moi.

*Ils s'embrassent longtemps.*

JULIETTE *sort de ses bras, radieuse.*
  Je suis heureuse. Vite, vite, maintenant.
  *Elle s'arrête.*
  Oh! mais tu n'emportes pas les petits émaux? Tu es
  idiot, mon chéri, c'est ce qui a le plus de valeur.
  *Elle court les décrocher.*
  Et les petits Fragonards!...
  *Elle fouille dans le sac.*
  Laisse les candélabres, c'est du faux bronze... Tu vois
  comme tu avais besoin de moi. Je vais bien t'aider,
  tu verras. Embrasse-moi.

GUSTAVE
  Ma petite voleuse.
  *Ils s'embrassent. Ils sortent.*

RIDEAU

# QUATRIÈME TABLEAU

*C'est une heure plus tard, dans le jardin d'hiver.*
*La clarinette, qui vient de jouer le thème du bal, le reprend*
*d'une façon nostalgique… Les personnages rentrent à la queue*
*leu leu, tête basse, et s'assoient vexés et abattus.*

**LADY HURF**
Évidemment, c'est ridicule.

**HECTOR**
Ils auraient tout de même pu nous laisser entrer.

**LADY HURF**
C'est ridicule. A-t-on idée aussi d'écrire le titre des bals en caractères minuscules. Les Français ont la passion des économies !

**LORD EDGARD**
Ils nous ont renvoyés de la façon la plus pénible.

**ÉVA**
Que voulez-vous, mon oncle, ces gens-là organisent un Bal des Fleurs. Je comprends que nos accoutrements les aient effrayés.

LADY HURF

Un Bal des Fleurs! C'est d'un niais! Un Bal des Fleurs!...

DUPONT-DUFORT PÈRE

Ce qui m'étonne, c'est que vous ayez pu confondre Bal des Fleurs et Bal des Voleurs.

LADY HURF

Vous auriez dû les regarder, vous, mon cher, les affiches, si vous aviez si bonne vue!

DUPONT-DUFORT PÈRE

Mais, sacrebleu...

DUPONT-DUFORT FILS, *bas.*

Ne sois pas imprudent, papa.

LADY HURF

C'est d'ailleurs à cause de vos têtes que notre groupe n'a pas pu passer.

PETERBONO

Moi, je serais certainement entré. C'est étrange : ils avaient compris que j'étais en coquelicot.

LADY HURF

Naturellement! Nous pouvions tous passer. C'est à cause d'eux... Mais quel mauvais goût! Regardez-les donc! On dirait des apaches!

DUPONT-DUFORT PÈRE

Mais pour un Bal des Voleurs, il me semble…

LADY HURF

Des Fleurs ! des Fleurs ! Vous n'allez pas reparler de ce Bal des Voleurs toute la soirée !

DUPONT-DUFORT FILS

Ne t'excite pas, papa…
*À lady Hurf.*
Nous sommes navrés.

DUPONT-DUFORT PÈRE, *minable.*

Nous ne le ferons plus.

LADY HURF

Il est bien temps !

LORD EDGARD

Nous pourrions peut-être tout de même passer la soirée ainsi, entre nous, pour ne pas perdre complètement notre effort ?

LADY HURF

Vous êtes fou, Edgard. Montons nous déshabiller. Nous jouerons au bridge, une fois de plus.
*Elle soupire, tout le monde l'imite.*

LORD EDGARD

Alors, si c'était pour jouer au bridge… j'aurais préféré garder mes moustaches !

**LADY HURF**, *étourdiment.*
Moi aussi!
*Elle passe. À Peterbono.*
Mon cher duc, me pardonnerez-vous cette soirée
perdue?

**PETERBONO**, *bourrade à Hector.*
Une soirée n'est jamais perdue.

**LADY HURF**
Une autre fois, je lirai mieux les affiches et nous
irons entre gens de goût.
*Elle sort avec Éva et lord Edgard.*

**PETERBONO**, *en sortant d'un autre côté, à Hector.*
La bague. Les perles.

**HECTOR**
Portefeuille.

**PETERBONO**
Parfait.
*Les Dupont-Dufort sont restés seuls.*

**DUPONT-DUFORT PÈRE**
Cela va mal.

**DUPONT-DUFORT FILS**
Très mal.

**DUPONT-DUFORT PÈRE**
Ces gaillards-là sont ici dans le même but que nous,

c'est évident, mais tout les favorise, et nous n'avons vraiment pas de chance.

**DUPONT-DUFORT FILS**, *devant une glace.*
Nous nous étions pourtant réussi de bien belles têtes.

**DUPONT-DUFORT PÈRE**
Pas pour un Bal des Fleurs.

**DUPONT-DUFORT FILS**
A-t-on idée d'organiser un Bal des Fleurs !

**DUPONT-DUFORT PÈRE**
A-t-on idée surtout de lire : Bal des Voleurs sur une affiche, alors qu'il y a écrit : Bal des Fleurs. Quelle vieille folle !

**DUPONT-DUFORT FILS**, *montrant le salon voisin par la baie ouverte, crie soudain.*
Papa !

**DUPONT-DUFORT PÈRE**
Qu'est-ce qu'il y a ?

**DUPONT-DUFORT FILS**
Regarde le mur.

**DUPONT-DUFORT PÈRE**
Eh bien, le mur ?

**Dupont-Dufort fils**

Les Fragonards!

**Dupont-Dufort père**

Tu penses bien qu'en un pareil moment je n'ai pas
envie de m'extasier sur de la peinture.

**Dupont-Dufort fils**

Papa! Les Fragonards ne sont plus sur le mur!
*Il se précipite dans le salon.*

**Dupont-Dufort père**

Eh bien?

**Dupont-Dufort fils**, *du salon.*

Ni les émaux! On a pris les chandeliers de bronze,
les tabatières; les tiroirs sont ouverts.
*Il rentre.*
Papa, on a cambriolé ici!

**Dupont-Dufort père** *se lève.*

Sortons. On va dire que c'est nous.

**Dupont-Dufort fils**

Tu es fou? Nous étions au bal avec tous les autres.
Papa, on a cambriolé!

**Dupont-Dufort père**, *qui a été voir.*

C'est évident, on a cambriolé. Mais pourquoi cette
joie? Cela ne peut pas arranger nos affaires.

**D**UPONT-**D**UFORT FILS

Tu ne comprends donc pas que si l'on a cambriolé pendant que nous étions au Casino, les soupçons ne peuvent se porter que sur quelqu'un dont tout le monde a remarqué l'absence insolite ? De qui tout le monde a-t-il remarqué l'absence ?

**D**UPONT-**D**UFORT PÈRE

Le petit Pedro ?

**D**UPONT-**D**UFORT FILS

Mais oui ! Le petit Pedro !

**D**UPONT-**D**UFORT PÈRE

Dans ce cas pourtant, les autres devraient être complices ?

**D**UPONT-**D**UFORT FILS

Ils sont complices. Ils sont venus avec nous, sans doute pour ne pas éveiller les soupçons, mais en ce moment ils sont partis, ou bien ils vont partir d'un moment à l'autre.

**D**UPONT-**D**UFORT PÈRE

Ah ! Didier, tu es magnifique ! Tu ranimes ton vieux père. Embrasse-moi. Enfin ils se dévoilent. Ils sont coulés, fiston, et nos affaires n'ont jamais été aussi bonnes.

**D**UPONT-**D**UFORT FILS

Il faut que cela soit définitif. Qu'ils ne puissent pas nier ni fuir. Téléphonons immédiatement au commissariat.

*Il prend l'appareil.*
Allô… Donnez-moi le commissariat de police, Mademoiselle, vite…

**DUPONT-DUFORT PÈRE**, *qui arpente le salon voisin en hurlant.*
Les Fragonards! les émaux! les candélabres! les taba-tières! Deux tiroirs forcés! C'est magnifique!

**DUPONT-DUFORT FILS**
Allô, le commissariat de police? Ici, la villa des Boyards. Un vol important vient d'être commis. Oui, les voleurs sont encore ici. Vous pourrez les prendre au piège. Vite. Très vite.

**DUPONT-DUFORT PÈRE** *rentre radieux.*
Dans mes bras, fiston!
*Ils s'embrassent.*

**DUPONT-DUFORT FILS**
Appelons tout le monde et confondons-les.
*Il va à la porte.*
Holà! Quelqu'un!… Quelqu'un!… Holà!

**DUPONT-DUFORT PÈRE**
Holà! Holà!

**LORD EDGARD** *entre dégrimé comme le seront tous ceux qui vont revenir.*
Qu'est-ce qu'il y a?

**DUPONT-DUFORT FILS**
Un vol vient d'être commis.

LORD EDGARD
De nos jours, c'est une chose qui n'étonne plus personne. Où cela?

DUPONT-DUFORT FILS
Mais ici…

LORD EDGARD
Ici?

DUPONT-DUFORT PÈRE, *très excité.*
Ici. Ici même, dans ce salon!

LORD EDGARD
Dans ce salon? Qu'a-t-on volé?

DUPONT-DUFORT PÈRE, *comme un camelot.*
Les Fragonards! les émaux! les chandeliers! les taba-
tières! les tiroirs! Entrez! Entrez!

LORD EDGARD *entre dans le salon et revient s'écrouler
sur une chaise.*
C'est horrible, je m'en doutais.

DUPONT-DUFORT PÈRE ET FILS, *ensemble.*
Nous aussi!

LORD EDGARD
Savez-vous qui c'est?

DUPONT-DUFORT PÈRE
Nous nous en doutons!

**LORD EDGARD**
Moi aussi.
*Éva entre.*
Ma petite fille, on vient de nous voler.

**ÉVA**
Comment cela?

**DUPONT-DUFORT PÈRE** *recommence.*
Les Fragonards! les émaux! les candélabres! les taba-
tières!

**ÉVA**
Je suis bien contente pour les candélabres, ils étaient
affreux. Mais cela m'ennuie pour les Fragonards.

**HECTOR** *entre triomphant avec une nouvelle tête.*
Éva, cette fois m'y voici!

**ÉVA**
Non.

**LORD EDGARD** *bondit sur lui.*
Enfin! C'est lui. Ah! mon cher détective, vous ne
pouvez pas vous figurer comme vous arrivez à
point. Un vol important vient d'être commis.
Nous soupçonnons des imposteurs que nous
hébergeons ici par un étrange caprice de ma cousine. Vous allez immédiatement les arrêter, mon
cher détective.

ÉVA
Mais que vous prend-il, mon oncle? C'est le prince
Hector. Enlevez donc cette barbe, Hector!

HECTOR *enlève sa barbe, modeste.*
Oui, c'est moi, mon cher Lord.

LORD EDGARD, *soudain furieux.*
Est-ce que vous avez bientôt fini de vous moquer
de moi, jeune homme?

HECTOR, *qui recule imperceptiblement vers la porte.*
Mais je ne me moque pas de vous, mon cher
Lord...

LORD EDGARD
J'admets bien les plaisanteries quoiqu'elles ne soient
pas d'un très bon goût avec un homme de mon âge.
Mais il ne faut pas les renouveler trois fois par
jour...

HECTOR
Mais je ne me moque pas de...
*Il est près de la porte. Il se heurte aux Dupont-Dufort père et fils
qui l'ont suivi.*

DUPONT-DUFORT FILS
Non.

DUPONT-DUFORT PÈRE
Non. Vous ne vous moquez pas de lui. Restez donc.
Tout va s'arranger

**HECTOR**
Enfin, qu'est-ce à dire? On me soupçonne?

**ÉVA**
Messieurs, je vous prie de laisser le prince Hector!

**HECTOR**
N'est-ce pas, Éva? C'est insensé!

**LADY HURF** *entre avec Peterbono.*
Qu'avez-vous tous à crier, vous faites un bruit épouvantable?

**PETERBONO**
On ne s'entend positivement plus.

**LORD EDGARD**
C'est affreux! Un vol terrible! Je m'en doutais. Je vous l'avais dit qu'il était mort en 1904 et que c'étaient des imposteurs.

**DUPONT-DUFORT PÈRE**, *en même temps.*
Les Fragonards! les émaux! les tabatières! les candélabres! les tiroirs!

**LADY HURF**
Je vous en prie, ne parlez pas tous ensemble. Je n'ai rien compris. D'abord, laissez-moi m'asseoir. Je suis fourbue.
*Pendant les cris des deux autres et le silence qui suit, Hector fait des signes désespérés à Peterbono pour qu'ils se sauvent. Peterbono croit qu'il a sa manche relevée, une tache sur son revers,*

*ou quelque chose accroché dans le dos. Il se brosse ; il se regarde dans les glaces, et ne comprend toujours pas. Finalement il renonce à chercher, avec un haussement d'épaules.*

LADY HURF *s'est assise.*
Allons. Contez-moi cela.

PETERBONO, *très engageant, s'assoit aussi.*
Excellente idée ! Contez-nous cela !

LORD EDGARD, *très vite.*
Je vous l'avais bien dit qu'il était mort en…

DUPONT-DUFORT PÈRE, *avec lui.*
Tout ! Tout ! Tout ! Tout !… Les Fragonards…
*Ils s'arrêtent en même temps et se regardent.*

ÉVA
C'est un vol, ma tante.

LADY HURF
Un vol ?

ÉVA
Oui. Pendant notre absence, on a emporté les petits émaux, les Fragonards et, je crois bien, les candélabres.

LADY HURF
Tant mieux, c'était du faux bronze.

LORD EDGARD
Je l'avais dit ! Je l'avais dit !

LADY HURF
Quelque domestique sans doute. Ils sont au complet ?

ÉVA
Je ne sais pas.

DUPONT-DUFORT PÈRE
Il faut avertir la police.

LADY HURF
Non.

DUPONT-DUFORT PÈRE
Comment non ?

LADY HURF
Je vous dis non, je ne veux pas de police chez moi.

DUPONT-DUFORT FILS
Mais nous avons déjà téléphoné, Milady.

LADY HURF
Enfin, Messieurs, quelles sont ces manières ? Ne suis-je pas maîtresse ici ? Je vous trouve singulièrement dépourvus de gêne depuis quelques jours.

DUPONT-DUFORT FILS
Pourtant nous vous…

**DUPONT-DUFORT PÈRE**
Vous nous…

**LADY HURF**
Éva. Téléphonez que personne ne vienne.

**DUPONT-DUFORT PÈRE**
C'est trop tard. Ils sont certainement en route.
*Hector et Peterbono s'étaient dirigés doucement vers la porte.*
*Quand lady Hurf avait interdit d'appeler la police, ils s'étaient*
*arrêtés, espérant encore. À ces derniers mots, ils tentent brus-*
*quement de se sauver.*

**DUPONT-DUFORT PÈRE**
Tenez. Les voilà qui fuient!

**DUPONT-DUFORT FILS**
Oh! c'est trop fort! Nous vous sauverons malgré
vous. Haut les mains!

**DUPONT-DUFORT PÈRE**
Haut les mains!
*Ils les menacent de leurs revolvers.*

**LADY HURF**
Messieurs, je suis ici chez moi! Je vous somme de
rentrer ces armes!

**DUPONT-DUFORT FILS**
Non!

**DUPONT-DUFORT PÈRE**
Non! Vous nous remercierez plus tard...

**LADY HURF**
Éva, je vais avoir une crise de nerfs! Appelle les domestiques. Émile! Quelqu'un, vite! Joseph! quelqu'un!

**LES AGENTS** *entrent sur ces cris.*
Nous voici! Sosthène, à toi le gros!
*Ils ont vu ces deux horribles têtes de bandits qui menaçaient ces gentlemen de leurs armes. Ils n'ont pas hésité. Ils se précipitent sur les Dupont-Dufort.*

**LES AGENTS**
Ah! mes lascars. Nous vous tenons!

**DUPONT-DUFORT PÈRE ET FILS,** *qui reculent.*
Mais... Mais... Mais ce n'est pas nous... Pas nous! Au contraire... C'est nous qui avons téléphoné. C'est insensé! c'est eux!
*Ils se heurtent en reculant, puis ils se heurtent en voulant fuir en avant au cours d'un petit ballet cocasse dont la dernière figure est leur capture par les agents.*

**LES AGENTS,** *qui les ont chargés sur leurs épaules avec les gestes des acrobates de cirque.*
Et voilà!
*À Hector.*
Si vous voulez nous donner un coup de main pour ouvrir la porte, Monsieur, ce n'est pas de refus!

**HECTOR**
Volontiers! Très volontiers!
*Les agents emmènent les Dupont-Dufort, malgré leurs protestations déchirantes.*

**LORD EDGARD,** *affolé.*
Mais, chère amie…

**LADY HURF,** *sévère.*
Edgard, taisez-vous.

**DUPONT-DUFORT PÈRE,** *emporté, hurle en vain.*
Mais dites-leur quelque chose, voyons! Dites-leur quelque chose…

**DUPONT-DUFORT FILS,** *passant près d'Éva.*
Mademoiselle Éva!…
*Les Dupont-Dufort sont sortis, sur le dos des agents salués par leur petite ritournelle.*

**LADY HURF,** *tranquillement.*
Eh bien! je suis très contente. Voilà trois semaines que ces gens-là étaient chez moi et je ne savais comment m'en débarrasser.

**LORD EDGARD,** *vaincu par ces émotions, est tombé à demi évanoui dans un fauteuil.*
Et dire que je suis ici pour me soigner le foie!

**LADY HURF**
Éva, montez donc chercher des sels à votre oncle.
*Elle sort. Lady Hurf regarde Peterbono, qui depuis l'arrestation des autres s'étrangle, pris d'un fou rire inextinguible.*

Mon cher, ce n'est pas la peine de tant rire, je sais parfaitement que c'est vous le vrai voleur.
*Il s'arrête net. Elle fouille dans sa poche.*
Rendez-moi mes perles. Vous n'êtes pas très fort.

**PETERBONO**
Mais comment cela se fait-il?

**LADY HURF**
Vous avez de grands bagages? Seront-ils longs à faire?

**PETERBONO,** *minable.*
Oh! non...

**LADY HURF**
Alors je vous conseille de monter vite là-haut.

**PETERBONO**
Oh! oui...

**HECTOR** *entre, superbe.*
Voilà, Milady, les coquins sont en de bonnes mains.
*Peterbono tousse.*

**HECTOR**
Vous n'êtes pas bien, mon cher père?

**LADY HURF**
Non. Il n'est pas très bien. Montez donc avec lui dans vos chambres.

**HECTOR**

Vraiment, mais d'où souffrez-vous ?

**LORD EDGARD,** *qui est revenu à lui.*

Vous voyez bien que le duc de Miraflor était mort en 1904 !

**LADY HURF**

Je le savais depuis longtemps, mon cher.

**HECTOR,** *ne comprenant toujours pas les signes de Peterbono, badin.*

Ha, ha, ha… C'est cette vieille plaisanterie !

**LADY HURF**

Le duc est mort entre mes bras, ou peu s'en faut. Je savais donc parfaitement à qui nous avions affaire. Seulement je m'ennuie tant, mon vieil Edgard !

**HECTOR** *se rapproche enfin de Peterbono.*

Mais enfin qu'est-ce que c'est ?

**PETERBONO**

Imbécile, il y a une heure que j'essaie de te le dire, nous sommes découverts, mais elle nous laisse partir.

**HECTOR**

Hein ? Mais puisqu'on vient d'arrêter les autres ?

**LADY HURF** *va à eux, souriante.*

Je ne pense pas, Messieurs, que vous vouliez attendre la visite du commissaire.

**HECTOR**

Mais c'est inadmissible! De quoi nous accuse-t-on?
Nous avons été avec vous toute la soirée.

**PETERBONO**

Ne fais pas le malin. Viens donc!

**HECTOR**

Je ne vous comprends pas, mon cher père! Nous
sommes vos invités, Madame, et ce vol n'est pas une
raison pour nous traiter ainsi, nous, des Miraflor y
Grandes!

**PETERBONO** *ne peut s'empêcher de ricaner malgré le tragique de
la situation.*

Miraflor y Grandes! Ah! là! là! Tu es fou. Viens donc.

**LADY HURF**

Allez donc, Monsieur, puisque tout le monde vous
le conseille!

**HECTOR**

Je n'admets pas ce ton!
*À Peterbono.*
Jouons beau jeu.

**ÉVA ENTRE.**

Voici les sels.

**HECTOR**

Je n'admets pas ce ton! Parce que si vous jugez
notre présence indésirable, je me ris — entendez-

vous – de vos présomptions absolument erronées et injurieuses. Je sais quelqu'un qui ne dépend pas de vous et qui la trouvera désirable, ma présence! Éva, Éva, mon amour, j'ai enfin retrouvé ma tête!

*Il se tourne et se fait rapidement la tête qu'il avait à la première scène.*

**PETERBONO**

Hector, pas de fantaisie! Le commissaire va arriver.

**HECTOR**, *qui se grime.*

Laisse-moi. Nous sommes sauvés.

**LADY HURF** *s'assoit, abattue.*

Edgard, si cette enfant, qui est extrêmement volon-taire, retombe amoureuse de lui, la situation est sans issue.

**LORD EDGARD**

Je n'y comprends absolument rien. Que prépare-t-il? Une plaisanterie encore? C'est un garçon qui en fait beaucoup trop.

**HECTOR** *se retourne triomphant.*

Éva, mon amour! Éva! Était-ce bien ainsi?

*Un silence. Éva le regarde, tous retiennent leur respiration.*

**ÉVA**, *tranquillement dans le silence.*

C'est vrai. C'était ainsi. Mais j'avais dû vous regar-der très vite… Maintenant vous ne me plaisez plus du tout.

**Lady Hurf** *a bondi.*
Dieu soit loué! À la porte! À la porte!

**Hector**
Mais voyons, Éva… C'est inconcevable…

**Peterbono,** *bas.*
Fais donc vite, idiot. Elle m'a repris le collier, mais
j'ai conservé la bague.
*Ils sortent, très dignes. Une petite musique allègre salue leur
départ.*

**Lady Hurf** *les a regardés partir avec un sourire attendri.*
Pauvre vieux! Je lui ai laissé ma bague. En somme,
ils sont restés quinze jours ici à cause de moi. Et
nous n'avons pas le droit de leur faire perdre leur
temps. C'est un métier qui ne doit pas rapporter
tant que cela.

**Lord Edgard**
Ce que je ne comprends pas, c'est le rôle du petit.
*Les deux femmes le regardent, soudain angoissées.*
Le petit… Vous savez, le petit, qui était si gentil?

**Éva**
Juliette? Où est Juliette?

**Lady Hurf**
Juliette? Elle n'est pas venue au bal. Elle n'est pas dans
sa chambre? Dans un salon d'en haut? Au jardin?

**ÉVA**

Je cours voir. Oh ! c'est une supposition impossible.

**LORD EDGARD**

Quelle supposition ? je ne comprends pas bien.
*Lady Hurf est tombée assise sur le sofa, elle joue nerveusement avec ses perles.*
Pourquoi cet air tragique, puisque tout est fini maintenant ?

**LADY HURF**

Mais, non, tout n'est pas fini, imbécile ! Ce garçon a enlevé Juliette avec les tableaux du salon. Je vous l'avais bien dit d'être énergique et de prendre des précautions, qu'il nous arriverait un malheur !

**ÉVA** *revient.*

Elle n'est pas en haut. Les domestiques battent le jardin.

**LADY HURF**

C'est horrible.

**LORD EDGARD**

Juliette, notre petite Juliette serait volée ?

**ÉVA**

Oui.

**LORD EDGARD**

Mais elle est grande ! Elle aurait pu se défendre. Appeler. C'est rempli de domestiques ici.

**LADY HURF**

Vous ne comprenez donc pas qu'il l'a séduite? Il la fera voler ou faire le trottoir.

**LORD EDGARD,** *qui ne comprend pas.*

Le trottoir?

*Il comprend soudain.*

Le trottoir!

*Il s'écroule. La clarinette joue une musique qui croit être tragique. Un silence. Ils méditent tous trois douloureusement. La musique reprend son thème tragique en s'en moquant, puis passe bientôt au thème de romance qui est tout à fait de mise en un pareil moment. En effet Gustave est entré doucement sur la pointe des pieds. Il a les bras chargés de tant de choses qu'il ne voit pas très bien où il va. Il porte Juliette endormie et les sacs. Il traverse le salon en musique et sans que les autres, contre toute évidence, le voient. Soudain il heurte un fauteuil. Les sacs tombent avec fracas. Les autres sursautent, les voient et poussent un cri.*

**LADY HURF**

Il l'a tuée!

*Trémolo à l'orchestre. Gustave prend peur. Il veut poser Juliette endormie sur un canapé, mais, au cri, elle a ouvert les yeux, elle s'est agrippée à lui.*

**JULIETTE**

Non! Non! Non! Pourquoi m'avez-vous ramenée?… Non. Il ne faut pas qu'il parte ou bien je m'en vais avec lui!

**LADY HURF**
Juliette…

**LORD EDGARD**
Ma petite enfant…

**JULIETTE** *leur crie de toutes ses forces, le visage couvert de larmes.*
Oui. Vous le méprisez, je sais, mais, moi, je l'aime. N'essayez pas de me parler, je veux partir avec lui parce que je l'aime. N'essayez pas de me dire quelque chose, je ne pourrais que vous détester. Gustave… Gustave… Pourquoi m'as-tu ramenée ?
*Il se débat. Il veut se sauver, elle le retient.*
Non, reste ou permets-moi de te suivre. Pourquoi m'as-tu ramenée, Gustave ? Tu m'as trouvée trop bête, trop naïve ? C'est parce que je me suis endormie à côté de toi dans l'automobile que tu ne me veux plus ? C'est vrai, ordinairement on ne s'endort pas le soir de son aventure.. Mais j'étais fatiguée, mon chéri, et j'ai l'habitude de me coucher tôt.
*Elle s'est caché la tête contre lui.*

**LORD EDGARD**
Qu'est-ce qu'elle dit ?

**LADY HURF,** *émue.*
Taisez-vous donc. C'est très joli ce qu'elle dit.

**JULIETTE** *s'est dégagée comme une petite furie et tournée vers eux, sans lâcher Gustave.*
Non, je n'ai pas honte ! non, je n'ai pas honte !..

Vous pouvez dire tout ce que vous voulez, je n'aurai jamais honte… Je l'aime, je veux qu'il soit mon amant, puisque vous n'accepterez jamais qu'il soit mon mari. Tenez, je vais l'embrasser devant vous.

*Elle se jette à son cou. Il hésite d'abord, puis il la voit dépeignée, avec ses larmes et son rire, et lui aussi oublie les autres.*

GUSTAVE

Je vous aime, Juliette.

JULIETTE

Tu vois, nous nous embrassons devant eux.

*Ils s'embrassent.*

LORD EDGARD, *qui a mis son lorgnon.*

Mais… ils s'embrassent !

LADY HURF

Eh bien ! oui, ils s'embrassent. Et après ?… Cela ne vous est jamais arrivé ?

*Elle les contemple, ravie.*

Ils sont charmants…

LORD EDGARD, *ému.*

C'est vrai. Vous vous souvenez, Émily ?

LADY HURF

Ils font un couple délicieux.

LORD EDGARD, *tout à ses souvenirs.*

Délicieux ! Vous vous souvenez… Le Crystal Palace ?

**LADY HURF**

Tous deux la même taille. Il est ravissant. Regardez la race de ce profil. Cette timidité exquise et tout de même cette force. Il fera un mari rêvé pour notre terrible et douce petite Juliette…

*Elle s'arrête.*

Mais qu'est-ce que vous me racontez, Edgard ? C'est un voleur.

**LORD EDGARD,** *souriant.*

Eh oui ! Un voleur…

**LADY HURF**

Mais alors, c'est impossible ! Nous avons perdu le sens. Il faut le mettre à la porte.

*La musique s'est tue de saisissement.*

**LORD EDGARD,** *navré.*

Oh !… Mais ils s'aiment…

**LADY HURF**

Je le sais qu'ils s'aiment, mais il le faut absolument. Il le faut. Elle ne peut épouser un garçon qui n'a ni père ni mère.

**LORD EDGARD**

Oh !…

*On le voit chercher violemment. Soudain il crie.*

Attendez! Attendez!

*Gustave et Juliette, surpris par son cri, s'arrêtent de s'embrasser. Il traverse la scène en courant comme un fou et sort.*

**LADY HURF**
Où va ton oncle, Éva?

**JULIETTE**
Je ne le quitterai jamais! Je ne le quitterai jamais! Je ne le quitterai jamais!

**GUSTAVE,** *qui la tient contre lui, en manière d'explication.*
Nous nous aimons.
*La clarinette fait entendre une petite supplication.*

**LADY HURF**
Je m'en rends compte, mais que voulez-vous que j'y fasse? Vous êtes un garçon de rien — si ce n'est pis. Il va falloir partir.
*La clarinette supplie encore.*

**JULIETTE**
S'il part, je partirai avec lui!

**LADY HURF**
Cette fois, nous t'en empêcherons.
*La clarinette s'est faite déchirante pour implorer. Alors lady Hurf va au musicien, furieuse.*
Et d'abord, vous, mon ami, vous commencez à m'agacer. Fichez-moi le camp!
*La clarinette essaie de protester.*
Fichez-moi le camp immédiatement!
*Elle le chasse; le musicien s'en va, pathétique, en exprimant son désespoir sur son instrument.*

**LORD EDGARD** *entre comme un bolide avec une photographie, des rubans, des médailles. Il marche sur Gustave, menaçant.*
Vous avez bien vingt ans, n'est-ce pas ?

**GUSTAVE**
Oui.

**LORD EDGARD**
Bon.
*Il regarde sa photographie, le regarde à plusieurs reprises, recule en clignant de l'œil, comme un peintre devant son tableau.*
Levez la tête… Parfait. Ouvrez votre veste, votre chemise. Plus haut. Parfait. Maintenant le signe de l'oreille.
*Il lui soulève l'oreille.*
Bon !
*Il lui présente une médaille.*
Vous reconnaissez cette médaille ?

**GUSTAVE**
Non.

**LORD EDGARD** *la jette.*
Cela ne fait rien. Vous êtes mon fils ! Vous êtes mon fils qui m'a été volé en bas âge !
*Il tombe dans ses bras.*

**LADY HURF**
Mais Edgard, vous êtes fou ?

**GUSTAVE** *se dégage, furieux.*
Lâchez-moi, Monsieur, je ne comprends pas ce que vous avez.

*À Juliette.*

Qu'est-ce qu'il a?

**LORD EDGARD**, *à lady Hurf.*

Nierez-vous qu'un fils naturel m'ait été volé en bas âge?

*À Gustave.*

Nierez-vous que vous n'êtes pas très certain de vos origines paternelles? Non. Non. Vous êtes mon fils, mon cher fils. Mon fils!

*Il tombe à nouveau dans ses bras.*

**JULIETTE** *saute de joie.*

Oh!... Comme c'est bien, comme c'est bien, Gustave!...

**GUSTAVE,** *se dégageant brusquement.*

Non! Cela ne prend pas.

**LORD EDGARD**

Qu'est-ce qui ne prend pas?

**GUSTAVE**

Je suis sûr, moi, que je ne suis pas votre fils.

**LORD EDGARD**

Ainsi j'aurai attendu vingt ans que cet enfant me soit rendu par le ciel et, lorsque le ciel enfin daigne me le rendre, c'est lui qui refuse de me reconnaître pour père ?

**GUSTAVE**

Non. Tout cela, c'est des manigances parce que vous voyez que la petite est amoureuse de moi, mais je ne peux pas accepter.

**LADY HURF**

Il est honnête.

**LORD EDGARD**

C'est horrible ! C'est horrible ! Mon fils me renie !
*Il trépigne.*

**GUSTAVE**

Non. Je ne peux pas accepter. C'est gentil ce que vous faites, c'est très gentil. Mais je ne peux pas. Je ne suis pas un type dans votre genre.

**LADY HURF**

C'est tout de même malheureux que ce garçon soit le seul d'entre nous qui ait le sens des castes.

**LORD EDGARD**

Je suis horriblement humilié de ce mépris de mon enfant. Je vais m'abîmer de douleur.
*Il s'abîme en effet de douleur sur le fauteuil le plus proche.*
Ça y est, je m'abîme. Allez-vous me laisser m'abîmer longtemps ?

LADY HURF

Vous pouvez peut-être accepter, Monsieur, vous voyez que votre père souffre…

GUSTAVE

Mais non, voyons. Je n'ai aucune raison.

JULIETTE

Oh! que si… Venez avec moi dans le jardin comme avant. Je vais vous dire toutes les raisons que vous avez. Allons, venez. Venez tout de même… Cela ne vous engage à rien après tout de venir dans le jardin…

*Elle l'a entraîné.*

LADY HURF, *dès qu'ils sont sortis.*

Edgard, ce n'est pas vrai ! Vous n'avez jamais eu de fils volé en bas âge.

LORD EDGARD

Non. Ce n'est pas vrai. C'était une photo découpée dans un magazine.

LADY HURF

Ainsi vous avez joué les imbéciles pendant cinquante ans et vous étiez capable de trouver cela tout seul !

ÉVA, *qui a assisté à toute la scène sans rien dire.*

Comme elle va être heureuse !

LADY HURF, *les regardant s'éloigner, rêveuse.*
Oui.

ÉVA
Et je m'en vais continuer à jouer mon rôle de charmante jeune femme qui a beaucoup de succès.

LADY HURF
Ma pauvre Éva! Que veux-tu? On n'apprend pas à croire. Elle est finie, notre belle aventure. Nous nous retrouvons tout seuls, comme des bouchons. Il n'y a que pour ceux qui l'ont jouée avec toute leur jeunesse que la comédie est réussie, et encore c'est parce qu'ils jouaient leur jeunesse, ce qui réussit toujours. Ils ne se sont même pas aperçus de la comédie!

UN MONSIEUR À BARBE, *entrant.*
Je suis le détective de l'agence Scottyard.

LORD EDGARD *pousse un rugissement, lui saute dessus et lui tire la barbe.*
Ah! non, Monsieur! Cela ne prend plus!

LE DÉTECTIVE
Arrêtez! vous êtes fou! Vous me faites mal!

LORD EDGARD, *très étonné.*
Comment, elle est à vous?

LE DÉTECTIVE
Mais bien sûr qu'elle est à moi!

LORD EDGARD

Vous êtes donc vraiment le détective que j'avais demandé à l'agence Scottyard ?

LE DÉTECTIVE

Puisque je viens de vous le dire !

LORD EDGARD

Alors on n'a plus besoin de vous : la pièce est finie.

LE DÉTECTIVE, *débonnaire.*

Dans ce cas…

*Il tire sa clarinette de sa poche – car c'était aussi le musicien – et commence à jouer un petit pas redoublé qui sert de finale et que les personnages de la pièce, entrés par toutes les portes, dansent en échangeant leurs barbes.*

# Petit carnet de mise en scène

Camille Weil

# Jean Anouilh, la passion du théâtre )

## Quelques repères

Jean Anouilh est né à Bordeaux en 1910 et est mort à Lausanne en 1987. Il a grandi dans un milieu modeste, son père était tailleur et sa mère musicienne. La famille s'installe à Paris lorsque l'enfant a huit ans.

Après l'école primaire supérieure Colbert, il entre au collège Chaptal à Paris. Il passe le baccalauréat, puis s'inscrit à la faculté de droit, où il reste un an. Il entre ensuite dans une maison de publicité où travaillent Jacques Prévert et Jean Aurenche. Il y travaille deux ans avant de devenir quelque temps le secrétaire de Louis Jouvet qui dirige la Comédie des Champs-Élysées. Après son service militaire, il se consacre entièrement au théâtre et à l'écriture théâtrale. Son œuvre est très abondante : quarante-cinq pièces de registres très différents, dont presque toutes ont été jouées.

# Un grand dramaturge

À l'aise aussi bien dans la fresque historique que dans la tragédie, Anouilh est un auteur classique dans la manière de traiter les sentiments et novateur dans la forme dramatique. Nombreuses sont ses pièces désormais considérées comme des classiques. Surtout les pièces historiques comme *Antigone*, *L'Alouette* ou *Beckett ou l'Honneur de Dieu*, qui fut jouée à la Comédie-Française. Ses comédies sont une réussite : *Ardèle ou la Marguerite*, *La Valse des toréadors*, *Ornifle ou le Courant d'air*, *L'Hurluberlu ou le Réactionnaire amoureux*, *Cher Antoine*, *Le Boulanger, la Boulangère et le Petit Mitron* ou *Le Nombril*, la dernière d'entre toutes.

## Une vocation précoce

Jean Anouilh a découvert le théâtre tout petit lors de tournées de sa mère en province. Il a vu ainsi de très nombreuses opérettes et son rêve était de vivre dans une troupe ! Mais comme on l'envoyait se coucher à l'entracte il ne lui restait plus qu'à imaginer la fin, ce qui est peut-être à l'origine de sa vocation. Toujours est-il qu'à douze ans, il écrit ses premières pièces en vers. À seize, il est déjà capable d'imiter un auteur à la mode, Henry Bataille : il compose *La Femme sur la cheminée*.

Il découvre des auteurs qui exerceront sur lui une influence prépondérante. L'Italien Luigi Pirandello, dont les *Six personnages en quête d'auteur* lui révèlent le procédé dit du «théâtre dans le théâtre» et lui ouvrent de nouveaux horizons en termes de narration dramatique. Jean Giraudoux, en 1928, avec *Siegfried* qu'il voit à la Comédie des Champs-Élysées, et Jean Cocteau dont il lit *Les Mariés de la tour Eiffel*.

Grâce à ses œuvres, il sait que l'on peut écrire pour la scène en français parlé sans renoncer à la poésie. Interviewé par les *Nouvelles littéraires* en 1937, il explique : «*Mon vrai choc au théâtre, ce fut Giraudoux. Je n'ai rien fait, j'espère, qui lui ressemble. Mais c'est Giraudoux qui m'a appris qu'on pouvait avoir au théâtre une langue poétique et artificielle qui demeure plus vraie que la conversation sténographiée. Je n'avais pas idée de ça. Ce fut ma révélation.*»

Anouilh, qui est à la recherche d'une forme nouvelle d'inspiration, décide d'écarter tout réalisme de son œuvre.

## Un homme de plateau

Même s'il n'est pas longtemps resté son secrétaire car il s'est mal entendu avec lui, Anouilh a énormément appris en côtoyant Jouvet et en le regardant travailler. Il s'intéressait d'ailleurs beaucoup à la mise en scène. Non seulement il a mis lui-même en scène ses propres pièces, mais il a parfois monté celles des autres, comme *La Petite Catherine de Heilbronn*, du romantique allemand Kleist, *La Nuit des Rois* et *Richard III* de Shakespeare, *Victor ou les Enfants au pouvoir*, de Roger Vitrac, un auteur surréaliste alors tombé dans l'oubli, ou encore *Tartuffe* de Molière, qu'il a transposé dans des décors et costumes de la Belle Époque.

Anouilh a découvert le théâtre à l'époque où, à Paris, quatre metteurs en scène d'avant-garde s'étaient associés pour former le fameux « *cartel* » : Georges Pitoëff, d'origine russe, qui dirigeait le théâtre des Mathurins ; Charles Dullin qui avait en charge le théâtre de l'Atelier ; Gaston Baty qui dirigeait le théâtre Montparnasse ; et enfin Jouvet, alors directeur de la Comédie des Champs-Élysées, et qui devait emménager plus tard au théâtre de l'Athénée. Il est vrai que Jouvet disposait pour monter ses spectacles de moyens plus importants que ses camarades. Ses cachets de vedette de cinéma lui permettaient par exemple de s'offrir les services du grand décorateur Christian Bérard. Pendant ce temps-là, le malheureux Pitoëff en était réduit à démeubler sa maison pour rendre le plateau des Mathurins un peu moins vide. Cette pauvreté n'était pas sans apporter un supplément de poésie à ses spectacles. On parle encore avec émotion de l'océan qu'il a évoqué dans une des pièces qu'il a montée, en secouant de simples draps de bain de couleur bleue. C'est à cette école-là qu'Anouilh a été formé. Il aimait le théâtre en artisan et il ne lui déplaisait pas que ses spectacles soient réalisés avec une économie de moyens.

C'est en 1932 que le grand acteur Pierre Fresnay crée *L'Hermine* au théâtre de l'Œuvre. Première pièce jouée et premier succès. Succès qui pousse le jeune auteur à vivre de sa plume. « *C'était une folie que j'ai tout de même bien fait de décider* », dira-t-il après coup.

Malheureusement, *La Mandarine* ne connaît pas la même faveur l'année suivante, et Anouilh va traverser une période plus difficile.

En 1937, Georges Pitoëff, on l'a vu, monte *Le Voyageur sans bagage* et *La Sauvage* l'année suivante. Cette même année, Anouilh fait la connaissance d'un jeune animateur, André Barsacq, qui vient de fonder sa compagnie, nommée « Les Quatre Saisons », et qui créera *Le Bal des Voleurs* au Théâtre des Arts le 17 septembre 1938.

## Une œuvre de jeunesse

*Le Bal des Voleurs* semble avoir été écrite en 1929. Jean Anouilh racontait : « *J'avais depuis longtemps, à dix-neuf ans, dans une chambre louée à une vieille dame très digne qui avait pris le parti de fermer les yeux sur la vie de ses locataires furtifs intermittents – écrit, en trois matins heureux, en attendant l'amie de mes premières amours,* Le Bal des Voleurs *dont je n'ai jamais depuis su retrouver la recette – qui reste mystérieuse pour moi.* »

Il disait aussi que certaines œuvres vous sont « *données* », comme si elles vous étaient inspirées miraculeusement. C'est peut-être de là que vient le charme

du *Bal des voleurs* : c'est une œuvre de jeunesse ins-
pirée, qui a l'insouciance, le pétillement, la grâce de
l'enfant du bonheur.

Ce n'est que neuf ans plus tard que *Le Bal des
Voleurs* est créée. Jean Anouilh est alors un auteur
dramatique reconnu. « *Un été, en plein mois d'août,
j'allai à la Comédie louée pour quelques jours par
une jeune troupe inconnue, « Les Quatre Saisons »,
et j'y assistai à une représentation du* Roi Cerf *de
Gozzi. [...] Enthousiasmé par le spectacle, je montai
le leur dire, ce que je fais rarement, et comme Barsacq me demanda si je n'avais pas, par hasard,
quelque chose pour eux, je leur apportai* Le Bal des
Voleurs *qui dormait depuis 1929 dans un tiroir. Barsacq trouva un peu d'argent et la pièce fut montée
au Théâtre des Arts (depuis devenu Théâtre Héber-
tot).* »
Cette collaboration va durer jusqu'en 1953 au
théâtre de l'Atelier.

*Le Bal des Voleurs* est la toute première comédie
de Jean Anouilh. Dix ans plus tard il composera une
autre comédie, *Leocadia*. Une jolie pièce, sans doute
moins légère que l'incomparable *Bal des Voleurs*.
Si la pièce est créée, en 1938, dans un contexte
assez peu favorable – le soir de la première, Paris
était plongé dans le noir et on craignait un bombar-
dement allemand –, elle connaît d'emblée un
immense succès. Le public est enthousiaste, et deux
cents représentations auront lieu.

# Mettre en scène ⟩

Cette pièce vous a séduits et amusés et vous avez décidé de la mettre en scène. Vous allez désigner celui qui parmi vous est d'accord pour se charger de la mise en scène, c'est-à-dire capable de diriger le travail, d'organiser les répétitions, de prendre des décisions, de préférence avec l'assentiment des autres participants. Il devra posséder un certain sens artistique, de l'autorité, mais savoir aussi laisser les autres exprimer leur personnalité.

## Le metteur en scène

Le metteur en scène coordonne le spectacle, c'est celui qui choisit le décor, les costumes, qui distribue les rôles (c'est-à-dire qu'il décide qui va jouer quoi), et enfin qui dirige les répétitions en donnant ses indications aux acteurs. Sa contribution au spectacle est déterminante. Selon les partis pris adoptés par le metteur en scène, le sens d'une pièce peut varier du tout au tout.

En réalité, on s'est longtemps passé de metteur en scène. Ce n'est qu'à la fin du XIXᵉ siècle qu'on a compris son utilité. Jusque-là c'était l'auteur, ou bien le directeur du théâtre, ou encore le doyen de la troupe (le comédien le plus âgé) qui se chargeait d'organiser le spectacle. Mais son pouvoir était limité et se bornait bien souvent à arbitrer les querelles qui ne manquaient pas d'éclater entre les acteurs.

Il faut savoir qu'autrefois c'étaient les actrices qui choisissaient leurs robes elles-mêmes, sans consulter personne. Normal, c'est elles qui les payaient de leur poche. Il n'empêche que cela pouvait donner des résultats surprenants. Non seulement leurs tenues ne correspondaient pas toujours aux personnages, mais leurs couleurs juraient parfois abominablement avec le décor ou les costumes de leurs partenaires.

Eh bien, c'est surtout à ça que sert le metteur en scène, à assurer la cohérence et à faire régner l'harmonie. C'est pourquoi plus personne à présent n'en conteste la nécessité.

À propos, tout dépend évidemment du nombre de volontaires dont vous disposez pour monter la pièce, mais il semble préférable que celui qui assure la mise en scène se dispense de jouer lui-même dedans. Ou bien qu'il se contente d'une silhouette, d'une apparition, d'un rôle de figurant. Pourquoi ? Mais parce que *Le Bal des Voleurs* est une pièce aux personnages forts qu'il faut bien travailler. Il vaut mieux que le metteur en scène se consacre entièrement aux acteurs, qu'il reste à leur disposition, sans avoir en plus à régler sa propre interprétation.

# Lire la pièce

## L'intrigue

Elle est aussi difficile à résumer qu'un film burlesque de Mack Sennett, à quoi cette comédie-ballet fait penser. Mack Sennett est le premier spécialiste des courses-poursuites en automobiles : ça galope dans tous les sens dans ses films.

*Le Bal des Voleurs*, c'est l'histoire de Juliette (son prénom rappelant une célèbre héroïne, celle de *Roméo et Juliette* de Shakespeare), une jeune fille de bonne famille qui s'éprend de Gustave, un Arsène Lupin débutant maladroit qui essaie de se faire passer pour homme du monde et qui ne fait pas une seule seconde illusion.

## Les didascalies

Lisez attentivement les *didascalies*. Ce sont les textes de l'auteur qui donnent les noms des personnages, toutes les indications scéniques et le jeu à adopter par les acteurs.

Dans *Le Bal des Voleurs*, Jean Anouilh donne énormément d'indications très précises et très précieuses. Ainsi, par exemple, au Premier tableau, la situation est exactement posée. Nous sommes dans le jardin d'une ville d'eaux, avec un kiosque et dans le kiosque, un musicien ; dans le jardin, une chaisière, des estivants, et un couple d'amoureux. Ses notations indiquent que le spectacle doit être très visuel, et sans cesse en mouvement : La jeune fille « se dégage », Hector, « recule », plus loin Peterbono « tombe affalé », Hector « a bondi », etc.

## Lire ensemble

Le metteur en scène devra être en mesure de parler de la pièce et de son auteur aux autres. Il est essentiel de leur donner confiance dans l'œuvre. Il faut pour cela qu'ils sentent qu'il sait où aller, pourquoi et comment. Mais chacun doit se familiariser avec le texte en le lisant et le relisant.

Mettez-vous autour d'une table pour le lire tous ensemble, pour bien le comprendre. Dans un premier temps, lisez-le *à l'italienne,* c'est-à-dire de manière mécanique, sans essayer de le « jouer », sans intonations particulières. Lisez chacun à voix haute les répliques du personnage que vous avez choisi d'interpréter mais écoutez bien les autres. Interrogez-vous sur le sens de certaines expressions, de certaines situations, mettez bien tout au clair.

## Lire autour de la pièce

Puisque vous êtes maintenant un peu familiarisés avec l'auteur et la pièce, sans doute serait-il bon que vous lisiez d'autres pièces de Jean Anouilh. Ainsi *Leocadia*, 1940, et *Le Rendez-vous de Senlis,* 1941, qui sont deux pièces «roses» ainsi qu'Anouilh les avait classées, et dont les héroïnes ressemblent à la Juliette du *Bal des Voleurs. Antigone,*1944, propose également une héroïne qui s'oppose et résiste.

*Le Bal des Voleurs* est une comédie-ballet, comme *Le Bourgeois gentilhomme* de Molière. Relisez-le. Relisez aussi *Les Fourberies de Scapin* pour le rythme effréné, et les procédés empruntés à la comédie italienne (en particulier celui de la «reconnaissance»).

# La préparation physique

Avant tout, évaluez vos possibilités physiques, votre souffle. Dans *Le Bal des Voleurs* les dialogues sont époustouflants, rapides, le rythme est intense, il faudra vous entraîner à parler vite, haut mais pas trop, et de manière intelligible. Apprenez à vous déplacer en lisant votre texte… Travaillez votre souffle, dites votre texte à voix basse et essayez de vous faire entendre d'un bout à l'autre de la pièce afin de savoir comment porte votre voix dans une grande salle.

# Les personnages
## et comment les jouer

Hauts en couleur, désopilants, touchants, émou-
vants, les personnages sont typés, mais peuvent
induire un jeu très nuancé de votre part en fonction
de la perception que en vous avez et de l'interprétation que vous souhaitez en donner.

## Les voleurs

Gustave fait partie d'une bande. Le chef, c'est
l'aîné, **Peterbono** (ce nom rappelle le fameux anar-
chiste criminel Bonnot de la bande à Bonnot, qui
attaquait les banques en automobile au début du
XXᵉ siècle). Le plus expérimenté, mais pas le plus
débrouillard. Ses combines échouent toutes lamen-
tablement, les unes après les autres. Oh! ce mata-
more a toujours un plan B à proposer. Mais qui se
révèle à l'usage aussi nul que le plan A. Le comique
de Peterbono est de la même teneur que le premier
gag jamais tourné au cinéma: l'arroseur arrosé.

Il y a ensuite **Hector**, le roi du travestissement. Presque aussi nul que Peterbono. Le malheureux est tombé fou amoureux d'Éva, la cousine de Juliette. Mais s'il veut la séduire, il faut absolument qu'il retrouve l'apparence qu'il avait adoptée lors de leur première rencontre. Il ne souvient plus de laquelle. Alors il essaie sans cesse de nouveaux déguisements, jamais le bon naturellement, et essuie sans cesse de cruelles rebuffades de sa bien-aimée. Ce gag récurrent du déguisement toujours nouveau et toujours raté, on le trouve aussi dans *Le Roi* de Robert de Flers et Gaston de Caillavet. Il y a dans cette pièce, devenue film en raison du succès, un détective qui parie avec quelqu'un qu'il est impossible de le reconnaître une fois déguisé. Naturellement, l'autre le démasque chaque fois au premier coup d'œil, quelle que soit la panoplie. C'est d'ailleurs un gag qui se retrouve aussi chez Hergé : dans les albums de Tintin, les deux Dupond(t) espèrent toujours passer inaperçus en adoptant le costume folklorique du pays où ils se trouvent, et c'est le contraire qui se produit, ils deviennent l'attraction du quartier...

Enfin il y a **Gustave**, aussi peu doué que ses complices en matière de vol, mais beau gosse. Il roule les mécaniques, essaie de jouer les durs, mais les autres lui rappellent à tout bout de champ qu'il est le petit nouveau : taillable et corvéable à merci en tant que cadet de la bande.

# Évoluer, danser

C'est à un véritable ballet que les trois comparses se livrent au début de la pièce et vous devrez déployer tout votre savoir-faire pour restituer leurs évolutions furtives et rusées. Anouilh donne des indications très précises sur leur manière d'évoluer. Soyez fidèle à l'auteur qui parle d'un « Ballet d'ensemble (les voleurs et les agents) autour de la nourrice [...], les évolutions des agents compromettant celles des voleurs [...] Les agents faisant des moulinets »...

Il sera très amusant de mettre au point l'interprétation de ces personnages burlesques, et d'imaginer leurs déguisements successifs. C'est le moment de dévaliser grenier et placards, et d'y emprunter chapeaux, capes, redingotes, cravates, vieilles perruques, que l'on peut utiliser aussi pour confectionner tous les postiches. Dans le Premier tableau, les jeux de moustache et de perruque sont du plus haut comique, ainsi que les démêlés d'Hector et de lord Edgard avec leurs barbes tout au long de la pièce, qui se termine d'ailleurs par l'indication finale que les personnages « dansent en échangeant leurs barbes » !

# Lady Hurf, un personnage-clé

Notons tout d'abord ces termes de lady et de lord, titres réservés à la haute société anglaise, et qui évoquent le snobisme du milieu auquel appartiennent lady Hurf et lord Edgard. Ces derniers sont ceux que les voleurs aimeraient bien voler, et d'abord du chef de famille, à savoir lady Hurf, puisque c'est elle qui tient les rênes du gouvernement. On retrouve souvent, sous un nom ou sous un autre, ce personnage de vieille dame autoritaire et excentrique dans le théâtre d'Anouilh. C'est elle qui tire les ficelles de ce théâtre de marionnettes, ainsi qu'elle le dit, et « qui joue aux intrigues pour oublier qu'elle n'a pas vécu » (Deuxième tableau, p. 54). Notez que lady Hurf a beau avoir l'esprit large et être attendrie par l'amour de Gustave et Juliette, elle ne peut consentir au mariage de sa nièce avec un « *garçon de rien* ». Ni père, ni mère ? Passez votre chemin, monsieur. En revanche, à partir du moment où Gustave est reconnu pour fils par lord Edgard, lady Hurf ne voit plus d'obstacle à lui donner sa nièce. Pourtant, elle sait que lord Edgard ment, que Gustave n'est pas son fils. Peu importe, les apparences sont sauves, c'est tout ce qui compte. Tout l'intérêt du personnage de lady Hurf est là : on ne sait jamais si elle plaisante ou si elle est sérieuse, on ne sait jamais sur quel pied danser avec elle.

## Savoir suggérer

Un conseil : il est plus que probable que vous ne disposerez pas d'une interprète ayant l'âge du rôle. Il faudra donc que l'actrice se vieillisse. N'abusez pas des perruques blanches, ne forcez pas sur le maquillage, n'essayez surtout pas de prendre une voix chevrotante, ne jouez pas les « cassures » comme on dit dans le jargon du théâtre. Il suffit d'un accessoire ou deux, par exemple d'une canne ou d'un face-à-main, un ruban autour du cou, pour suggérer que lady Hurf n'est plus toute jeune. De toute façon, l'actrice n'arrivera pas à faire illusion. Le public verra bien qu'il ne s'agit pas d'une vraie vieille dame. Ce qui compte, c'est de suggérer son âge, pas de le représenter. De lui donner surtout de la prestance et de l'autorité naturelle.

## Lord Edgard

Et le pauvre lord Edgard ? Il est touchant parce qu'il parle dans le vide, que personne ne lui prête attention et que lady Hurf le maltraite volontiers. Il est une fois pour toutes entendu que c'est elle qui commande et que lord Edgard est à moitié gâteux. Ce qui est faux, bien entendu. Il est doux, timide, discret, soumis aux caprices de lady Hurf, mais lucide. Et c'est lui que l'auteur a choisi pour provoquer le coup de théâtre final, le moment de la reconnaissance et de la réconciliation générale. Il n'est pas question que Juliette épouse un voleur et c'est lord Edgard qui dénoue la situation en inventant tout un scénario et en prétendant que Gustave est son « fils naturel [...] volé en bas âge ».

C'est un personnage drolatique et attachant qu'il faudra jouer tout en nuances, mais surtout sans le « surjouer » (le caricaturer).

## Éva et Juliette

**Éva**, bien qu'elle soit encore jeune et belle, plus belle même que Juliette, est une future lady Hurf. Elle plaît beaucoup, mais ne croit plus à l'amour. Les hommes ne l'intéressent guère. Parce qu'elle séduit avec trop de facilité, justement. Quel plaisir y a-t-il à chasser si le gibier vient de lui-même se placer devant la bouche de votre fusil ? Les grandes déclarations d'amour ne sont à ses yeux dessillés que des boniments. Elle envie la naïveté de Juliette. Elle s'ennuie.

**Juliette** est le type même de la jeune première. Fraîche, tendre et enthousiaste. Le risque qu'on court avec ce genre de personnage, c'est la mièvrerie. Demandez à votre actrice de rester naturelle, de ne surtout pas en rajouter dans le poétique, d'éviter les petites mines éplorées et les pleurnicheries, de conserver à tout prix un ton très quotidien. Tout comme l'Henriette des *Femmes savantes* de Molière, Juliette a beau être plus jeune qu'Eva, elle est en réalité beaucoup plus forte que cette dernière. Ce n'est ni une oie blanche, ni une évaporée, elle a les pieds sur terre. Voyez les conseils qu'elle donne au cambrioleur, elle sait discerner ce qui a de la valeur et ce qui est du toc. Et c'est elle qui a le courage, à la fin, de braver les conventions sociales qui prétendent interdire son mariage avec Gustave. Juliette est un personnage complexe : on la prend pour une petite jeune fille obéissante et candide, c'est une rebelle, capable de tout casser, de tout renverser sur son passage si l'on fait obstacle à sa volonté.

## Les Dupont-Dufort

Les Dupont-Dufort sont père et fils. Comment ne pas penser aux détectives jumeaux des albums de Tintin, les deux Dupond(t). Mais là, c'est Anouilh qui a dû influencer Hergé. Ce qui fait rire chez les Dupont-Dufort, c'est d'abord la ressemblance du père et du fils. Ils sont pour ainsi dire décalqués l'un sur l'autre et se complètent si bien que l'un finit les phrases de l'autre. Il serait bon à ce propos de les rendre inséparables et de leur donner des mouvements presque toujours symétriques, comme un couple de danseurs de tango ou de patineurs artistiques. Leur «ballet» doit être réglé avec une certaine précision, et il vous faudra un peu d'entraînement.

Autre aspect comique, l'entière soumission de Didier aux ordres de son père. Ici Anouilh, qui connaissait bien Molière et lui vouait un véritable culte, s'est certainement inspiré des personnages du docteur Diafoirus et de son fils Thomas dans *Le Malade imaginaire*, ce grand dadais qui a appris par cœur des compliments à réciter à sa fiancée et à sa future belle-mère, mais qui se trompe de destinataire et se fait houspiller par son père... À bien des égards, les Dupont-Dufort y font penser. D'ailleurs, la situation de base est la même : de même que Dupont-Dufort, Diafoirus cherche à tout prix à marier son fils.

Là encore, même recommandation que pour lady Hurf, inutile d'appuyer le trait pour faire rire, gardez-vous de verser dans la caricature. Les personnages sont assez drôles en eux-mêmes, pas besoin d'en rajouter. Il faut que les acteurs restent sincères. Il faut aller vite, le rythme de la pièce est très soutenu, mais jouer la situation. Les acteurs doivent toujours conserver leur sérieux. Vous n'ignorez pas qu'il faut être pince-sans-rire quand on raconte une blague ; quoi de plus casse-pieds que celui qui éclate de rire avant la chute de l'histoire ? De même, les acteurs comiques ne doivent surtout pas chercher à montrer au public qu'ils s'amusent. C'est au public de s'amuser. N'oubliez pas que les Dupont-Dufort sont proches de la ruine et se retrouvent le dos au mur. Si Didier n'épouse pas Juliette, c'est la faillite et la fuite en Belgique pour échapper à la prison. Ils n'ont pas le cœur à rire, c'est leur avenir qui se joue. Ce ne sont pas les grimaces ou les contorsions des acteurs qui amusent, mais la maladresse de la stratégie des Dupont-Dufort : plus ils redoublent d'amabilité, comme dit sans cesse le père, plus ils se rendent antipathiques.

## Le langage

Étudiez bien le langage de chacun des personnages, celui, souvent gouailleur, populaire et familier, des « voleurs », celui châtié et maniéré de lady Hurf et de lord Edgard, et la façon de parler plus naturelle et sincère des deux jeunes filles.

## Les quiproquos

Le quiproquo (prendre un personnage ou une situation pour une autre) est une des sources principales du comique de la pièce. Le plus énorme et le plus déterminant étant la confusion (le lapsus) que fait lady Hurf lisant « Bal des Voleurs » au lieu de « Bal des Fleurs » ! Très drôle aussi à jouer à la fin du Quatrième tableau, la méprise de lord Edgard, ne reconnaissant pas le véritable détective de l'agence Scottyard (clin d'œil à Scotland Yard).

## Les apartés

Le personnage parle « à part », il est censé parler pour lui-même sans qu'un autre personnage présent sur scène entende, et ses remarques sont censées n'être entendues que par le public. Ce dernier sait qu'il assiste à un jeu théâtral et qu'il se fait complice de ou des acteurs. Par exemple « Peterbono, surpris : "Salaud" » (Premier tableau, p. 40).

Le mieux est de dire ces propos d'une voix normale et naturelle, le ou les autres personnages jouant le jeu comme en « s'absentant » par leur silence et leur immobilité.

# La mise en scène

## La musique sur scène

*Le Bal des Voleurs* est une comédie-ballet (un spectacle accompagné de musique et de danse, inventé par Molière et Lully). La musique est très importante dans cette pièce, tantôt pour souligner l'atmosphère d'une scène, tantôt pour commenter le caractère ou le comportement d'un personnage. Essayez d'écouter l'exquise partition composée pour Anouilh par Darius Milhaud. Vous n'êtes d'ailleurs pas forcés de la reprendre, vous avez le droit d'en préférer une autre. Vous auriez tort, en revanche, de vous passer tout à fait de musique, cela appauvrirait beaucoup le spectacle. Un conseil : plutôt que d'avoir recours à de la musique enregistrée, essayez d'avoir un musicien sur scène. Le théâtre est un spectacle vivant, il est préférable d'y faire de la musique « en direct », même si vos moyens sont limités. Mieux vaut un guitariste (ou un flûtiste) présent sur scène qu'un orchestre symphonique virtuel... Songez à l'importance de ses interventions. Il souligne, il ponctue, il évolue comme un danseur, il remplace les mots, comme dans le Premier tableau où l'auteur dit à propos du crieur public : « Il a prononcé difficilement le mot, la clarinette le souligne » et plus loin : « Il bute encore sur le mot, c'est la clarinette qui le joue » ! Notez au Quatrième tableau la scène irrésistible entre lady Hurf et le musicien : « La clarinette s'est faite déchirante pour implorer », lady Hurf chasse alors le musicien : « La clarinette essaie de protester » et le musicien finit par s'en aller « en exprimant son désespoir sur son instrument »...

## L'époque

Si Vichy est selon Anouilh de style « très 1880 », la pièce se passe après. Juste avant la Première Guerre mondiale, dans les dernières années de la Belle Époque. Ou bien juste après, au cours de la période des années folles, peu importe. L'essentiel est de restituer l'opulence et l'insouciance qui règnent dans la villa des Boyards. Vous pouvez très bien signifier la richesse des intérieurs par un ou deux candélabres, un tableau et un fauteuil anciens... ou choisir de transposer la pièce à l'époque actuelle.

Vous pouvez lire et consulter des ouvrages sur les villes d'eaux, ainsi que sur l'époque concernée, si vous avez décidé d'en restituer l'esprit. Ils vous donneront des idées en particulier pour le décor et les accessoires.

# Le décor et les accessoires

Tout dépend bien sûr des moyens dont vous disposez. Mais ne vous lancez pas dans des décors compliqués. Pour préserver le rythme, abrégez au minimum le changement de décor entre le Premier et le Deuxième tableau. N'oubliez pas qu'Anouilh était plus du côté de Pitoëff que de Jouvet, et trouvait que trop de richesse nuit à l'imagination. Après la guerre, lorsqu'il sera devenu son propre metteur en scène, il confiera tous ses décors et costumes au peintre Jean-Denis Malclès, qui est aussi le créateur des costumes des Frères Jacques. Or ce qui caractérise le style de Malclès, c'est la légèreté. Il y a toujours un petit côté forain dans ses toiles ou ses affiches. On y entend l'orgue de Barbarie, ça sent la barbe à papa. Anouilh ne recherche pas le réalisme. Nous sommes au théâtre et le théâtre n'est pas la réalité. Aussi bien, il ne montre pas les choses, il les suggère. De plus, nous sommes à Vichy et Vichy est une ville d'eaux. Une ville qui ressemble plus à un décor d'opérette qu'à une ville véritable.

Vous pouvez vous amuser à figurer un kiosque avec une petite estrade et un chapiteau peint sur une toile ou un carton. Un acteur peut aussi brandir un carton sur lequel est écrit KIOSQUE. Pour le jardin public, il suffit d'une chaise en fer, et d'une vieille tenture pour l'intérieur de la villa de lady Hurf (À l'ouverture du Deuxième tableau Anouilh parle d'un « salon de style suranné dans la villa de lady Hurf ».)

# L'éclairage

Les jeux d'ombre et de lumière sont très importants dans cette pièce. Encore une fois, utilisez ce que vous avez sous la main. Un grand rideau éclairé disposé en fond de scène peut évoquer le ciel du jardin public du Premier tableau, et le fait que l'on est à l'extérieur et l'après-midi. Des bougies peuvent servir à éclairer l'intérieur de la riche demeure, ainsi que le jardin d'hiver au Quatrième tableau. Pour le début du Troisième tableau, où il est question d'une lampe électrique, une lampe torche fera l'affaire. Vous ne disposerez certainement pas d'un matériel professionnel. Faites preuve d'imagination. Utilisez ce dont vous disposez, quelques spots, des lampes pour éclairer les intérieurs et les acteurs, vous serez surpris du résultat. L'essentiel est que l'on voie bien les acteurs et que l'on entende clairement les répliques.

## L'esprit de fantaisie

Lors de la création de la pièce, la majorité des critiques ont parlé de la fantaisie dans laquelle baigne la pièce. C'est une notion importante, la fantaisie. Parmi les nombreuses définitions du mot, on peut retenir celle-ci, donnée par le *Petit Robert* : « *Ensemble de choses imprévues et agréables* ». C'est l'impression que le spectacle doit donner.

Inspirez-vous de lady Hurf – qui a mené tout son petit monde comme un véritable metteur en scène et monté un vrai spectacle de théâtre dans le théâtre, avec imagination et humour – et de son étonnante réplique finale : « Il n'y a que pour ceux qui l'ont jouée avec toute leur jeunesse que la comédie est réussie, et encore c'est parce qu'ils jouaient leur jeunesse, ce qui réussit toujours. »

# Autres titres de la collection

Jacques Prévert, *À perte de vie*
Jacques Prévert, *Le Beau Langage*
Raymond Queneau, *En passant*
Jean Tardieu, *Finissez vos phrases !*
Jacques Prévert, *Le Bel Enfant*
Roland Dubillard, *Le Gobe-douille
et autres diablogues*
Marcel Aymé, *Trois Contes du chat perché*
Robert Desnos, *La Place de l'Étoile*
Rudyard Kipling, *La Comédie de la Jungle*
Eugène Ionesco, *Le roi se meurt*
Alfred de Musset, *L'Âne et le Ruisseau*
Jules Romains, *La Scintillante*
Jean Tardieu, *Ce que parler veut dire*
Jean Tardieu, *Les Amants du métro*
Victor Hugo, *L'Intervention*
Roald Dahl, *Charlie et la Chocolaterie*
Roald Dahl, *James et la Grosse Pêche*
Marcel Aymé, *Le Minotaure*

Mise en pages : Dominique Guillaumin
Loi n° 49-956 du 16 juillet 1949
sur les publications destinées à la jeunesse
ISBN : 978-2-07-055895-7
Numéro d'édition : 156750
Numéro d'impression : 87453
Dépôt légal : novembre 2007
Premier dépôt légal : septembre 2004
Imprimé en France sur les presses de la Société Nouvelle Firmin-Didot